世界历史穿越报

SHIJIE LISHI CHUAN YUE BAO

用有趣的文字
讲真实的历史

永恒的罗马

彭凡 田玲玲 / 著

全国百佳图书出版单位

·北京·

图书在版编目（CIP）数据

世界历史穿越报.永恒的罗马/彭凡，田玲玲著.—北京：化学工业出版社，2022.1（2025.1重印）
ISBN 978-7-122-40082-6

Ⅰ.①世… Ⅱ.①彭… ②田… Ⅲ.①世界史-儿童读物 Ⅳ.①K109

中国版本图书馆CIP数据核字（2021）第208605号

责任编辑：孙　炜　　　　　　　　文字编辑：贾全胜　陈小滔
责任校对：刘曦阳　　　　　　　　装帧设计：尹琳琳

出版发行：化学工业出版社（北京市东城区青年湖南街13号　邮政编码100011）
印　　装：北京宝隆世纪印刷有限公司
710mm×1000mm　1/16　印张12　2025年1月北京第1版第5次印刷

购书咨询：010-64518888　　　　　　　　售后服务：010-64518899
网　　址：http://www.cip.com.cn
凡购买本书，如有缺损质量问题，本社销售中心负责调换。

定　　价：39.80元　　　　　　　　　　　　　　　　版权所有　违者必究

世界历史穿越报

·永恒的罗马·

前 言

每个民族，都有自己的过去。

每个国家，都有自己的历史。

那么，那些跟我们不同肤色、不同语言的人们，他们又是从哪里来的呢？

他们会不会和我们一样，也有自己的黄河母亲？

他们是怎么学会说话和写字的？

他们也爱吃米饭跟馒头吗？

他们也穿丝绸做的衣裳吗？

他们也有皇帝吗？他们的皇帝跟我们的皇帝一样拥有至高无上的权力吗？

他们创造过哪些了不起的成就和辉煌呢？

也许，他们有很多跟我们一样的地方，但他们一定也有很多跟我们不一样的地方。

为了搞清楚这些问题，我们报社的工作人员全体出动，乘坐时光机，穿越遥远的时空，去探访世界各地的人们曾经是怎么生活的，去见证在他们身上发生过哪些波澜壮阔的事情。

我们将采访到的一切，都刊登在《世界历史穿越报》中。我们将报纸做成一个合订本，每册有10~12期。这套《世界历史穿越报》一共有十个合订本，分别记录了我们在不同时空、不同国家的所见所闻。

每一期报刊都是我们冒着生命危险，辛苦采访和探寻的结晶，相信里面精彩的栏目和内容一定会让你大饱眼福——

"世界风云"是主打栏目。这里刊登的全是世界大事，譬如国家的诞生、战争与荣耀，以及帝王的生平事迹，等等。

"自由广场"是一个有趣的栏目。这里刊登了我们在各个时空的酒吧中搜集的各种奇奇怪怪的言论。你会发现，古人和今人一样，也喜欢聚在一起讨论各种八卦新闻呢。

"奇幻漂流"是我们专门为历史人物设立的一个来信栏目。他们遇到疑惑和烦恼，会给报社来信，我们有专业的编辑贴心为他们解答疑惑，抚慰他们的心灵。

"名人来了"是一个采访栏目。我们派出报社最八卦、最大胆的记者越越，去采访当时最杰出、最有争议的名人，挖掘他们的内心世界，将他们最真实的一面展现给大家。

另外，我们还有"智慧森林""嘻哈乐园""广告贴吧"等栏目，为大家展现当时最先进的科学技术、最时髦的文化潮流，以及一些五花八门的广告、漫画等，一定让你目不暇接，忍俊不禁。

最后，我们希望读者们能够通过这套报刊，学到知识，认识世界，成为一个视野开阔、见识广博的人。

目　录

第❶期　罗马诞生了

【顺风快讯】	河边冒出了一座新城	2
【绝密档案】	罗马王是狼的儿子吗	3
【世界风云】	没有女人，怎么办	4
	不喜欢打仗的国王	7
【自由广场】	可怕的法西斯	9
【奇幻漂流】	女婿难道比儿子亲	10
【名人来了】	特约嘉宾：塞尔维乌斯	11
【广告贴吧】	修建罗马的第一座桥	13
	将制盐业收为国有	13
	去希腊考察	13

第❷期　赶走国王的罗马人

【顺风快讯】	国王死在了女儿手中	15
【世界风云】	不要国王，要"共和"	16
	荣誉比身体更重要	18
	把法律刻下来	20
【自由广场】	法典真的有用吗	22
【奇幻漂流】	罗马为什么这么厉害	23
【世界风云】	皮洛斯的"胜利"，得不偿失	25
【名人来了】	特约嘉宾：卡米卢斯	27
【广告贴吧】	罗马联盟成立了	29
	关于增设官职的通告	29

第❸期　战神汉尼拔

【顺风快讯】	一个有钱的邻居	31
【世界风云】	旱鸭子的"怪舌头"	32
	遵守承诺的列古鲁斯	34
【奇幻漂流】	请问阿基米德在哪儿	37
【世界风云】	复仇吧，战神	38
	英雄的悲剧，迦太基的悲剧	40
【自由广场】	马其顿王国也消失了	42
【名人来了】	特约嘉宾：小西庇阿	43
【广告贴吧】	奖赏令	45
	紧急通知	45
	沉痛悼念阿基米德	45
【智者为王】	智者为王第1关	46

第❹期　世界新霸主

【顺风快讯】	条条大路通罗马	48
【奇幻漂流】	不愿打仗的人	49
【世界风云】	为平民说话的两兄弟	50
【自由广场】	谁的权力更大	52
【世界风云】	先解决兵源问题	53
	独裁者苏拉	54
【名人来了】	特约嘉宾：苏拉	57
【广告贴吧】	寻人启事	59
	不要相信苏拉	59
	关于选举方式的改革方案	59
	一餐只能吃一只鸡	59

第❺期 为自由战斗吧

【顺风快讯】	谁是罗马最惨的人	61
【奇幻漂流】	我想成为一个大明星	62
【世界风云】	为自由战斗吧	63
	遇见一只"老狐狸"	65
	不讲信用的海盗	67
【自由广场】	奴隶的出路在哪里	69
【名人来了】	特约嘉宾：斯巴达克	70
【广告贴吧】	奴隶主的命令	72
	谁来救救我们	72
	造反的下场	72

第❻期 三个大人物

【顺风快讯】	两个执政官	74
【绝密档案】	军事奇才庞培	75
	拒绝苏拉的人	76
【奇幻漂流】	我要去剿灭海盗了	78
【世界风云】	三只"大老虎"	79
【自由广场】	恺撒嫁女	81
【名人来了】	特约嘉宾：克拉苏	82
【广告贴吧】	演讲通知	84
	我愿替恺撒还钱	84
	诚聘希腊老师若干名	84
【智者为王】	智者为王第2关	85

第 7 期　恺撒！恺撒！

【顺风快讯】　克拉苏战死了 …………………………………… 87
【世界风云】　恺撒斗庞培，谁负谁胜 ………………………… 88
　　　　　　　英雄难过美人关 ………………………………… 90
　　　　　　　恺撒，恺撒，伟大的恺撒 ……………………… 92
【智慧森林】　混乱的日历 ……………………………………… 93
【世界风云】　恺撒遇刺，谁是凶手 …………………………… 94
【自由广场】　谁是罗马最高贵的人 …………………………… 97
【名人来了】　特约嘉宾：恺撒 ………………………………… 98
【广告贴吧】　让我们征服不列颠群岛 ………………………… 100
　　　　　　　我的《高卢战记》 ……………………………… 100
　　　　　　　拯救亚历山大图书馆 …………………………… 100

第 8 期　奥古斯都

【顺风快讯】　恺撒的继承人回来了 …………………………… 102
【世界风云】　又来三只"老虎" ……………………………… 103
　　　　　　　安东尼爱上了埃及艳后 ………………………… 104
　　　　　　　女王之死 ………………………………………… 106
　　　　　　　神圣的奥古斯都 ………………………………… 107
【奇幻漂流】　幸好他不是恺撒 ………………………………… 110
【自由广场】　宏伟的罗马城 …………………………………… 111
【智慧森林】　世界是什么样子的 ……………………………… 112
【名人来了】　特约嘉宾：提图斯·李维 ……………………… 113
【广告贴吧】　交通部要成立了 ………………………………… 115
　　　　　　　招募士兵 ………………………………………… 115
　　　　　　　八月改为奥古斯都月 …………………………… 115

第❾期 罗马最坏的皇帝

【顺风快讯】	被钉上十字架的人	117
【世界风云】	"多管闲事"的基督徒	118
	杀人魔王与文艺青年	119
	可怕的火灾	122
【自由广场】	谁来做罗马的皇帝	124
【奇幻漂流】	被掩埋的庞贝城	125
【智慧森林】	伟大学者和《自然史》	126
	《圣经》的秘密	128
【名人来了】	特约嘉宾：尼禄	129
【广告贴吧】	圆形大剧场终于竣工了	131
	创办尼禄节	131
	罗马的耻辱	131
【智者为王】	智者为王第 3 关	132

第❿期 好皇帝和坏儿子

【顺风快讯】	新皇帝与老皇帝不是亲父子	134
【世界风云】	两个皇帝治国	135
	哲学家皇帝	138
	虎父也有败家子	140
【自由广场】	罗马帝国要完蛋了吗	141
【奇幻漂流】	请不要误信您的母亲	142
【智慧森林】	宇宙的中心在哪里	143
	爱泡澡的罗马人	145
【名人来了】	特约嘉宾：卢奇安	146
【广告贴吧】	大秦在哪里	148
	一桩憾事	148
	皇帝敕令	148

第⑪期　两个罗马

- 【顺风快讯】被释奴隶的儿子当皇帝 ... 150
- 【世界风云】一个帝国，四个皇帝 ... 151
  - 唯一的皇帝 ... 153
  - 基督徒的春天 ... 154
  - 两个罗马 ... 155
- 【自由广场】罗马为什么分裂 ... 158
- 【奇幻漂流】西罗马和东罗马谁更有前途 ... 159
- 【名人来了】特约嘉宾：朱利安 ... 160
- 【广告贴吧】退位通知 ... 162
  - 官员的抗议 ... 162
  - 福利来啦 ... 162

第⑫期　上帝之鞭

- 【顺风快讯】被蛮族人赶来的蛮族人 ... 164
- 【绝密档案】逃跑还是征服 ... 165
- 【奇幻漂流】惊！西哥特人攻入罗马 ... 166
- 【世界风云】可怕的上帝之鞭 ... 167
  - 阿提拉抢亲，教皇退兵 ... 168
- 【自由广场】最后的罗马人 ... 171
- 【世界风云】西罗马灭亡 ... 172
- 【名人来了】特约嘉宾：罗慕洛·奥古斯都 ... 173
- 【广告贴吧】打仗去吧 ... 175
  - 用鲜血祭奠国王 ... 175
  - 给俘虏们的通知 ... 175
  - 修改绘画令 ... 175
- 【智者为王】智者为王第4关 ... 176

智者为王答案 ... 177
世界历史大事年表 ... 179

第 1 期

【公元前 753 年—公元前 534 年】

罗马诞生了

穿越必读

在翻看今天的世界地图时,你有没有发现,意大利半岛就像一只踩进地中海的靴子?两千多年前,在这只"靴子"上面,一个伟大而光荣的城市——罗马城建立起来了。

顺风快讯

河边冒出了一座新城
——来自台伯河的快讯

来自台伯河的快讯

（本报讯）公元前753年，台伯河（位于今意大利半岛）边冒出了一座新城。

建立这座新城的是一个叫罗慕洛的人，因此这座城就以他的名字命名，叫作"罗马"。

据说，罗慕洛是杀死弟弟才当上罗马的主人的！这是怎么回事呢？

原来，罗慕洛还有个双胞胎兄弟，叫勒莫斯。两人齐心协力建了这座新城，可是，谁来做新城的主人呢？两人是双胞胎，分不清谁是老大，谁也不让谁，最后决定一人一半，在中间挖了一条深沟。

本来，两人井水不犯河水，可是，任性的勒莫斯却越过界线，跑到沟这边来了。罗慕洛非常生气，一锄头敲死了勒莫斯，成了新城的主人。

明明是亲兄弟，为什么会自相残杀呢？据知情人士透露说："因为他们俩是由狼抚养长大的，才这样残忍吧。"

两兄弟是狼的儿子？这又是怎么回事呢？

罗马王是狼的儿子吗

经过重重打探，我们终于查清了罗慕洛兄弟的身世。

相传，罗慕洛兄弟的祖先是希腊人。当年，特洛伊城被攻陷后，有位英雄逃了出来。他坐着小船，在海上漂泊了很久，最后漂到了意大利半岛，娶了当地一个国王的女儿，还继承了王位。

很多年以后，王位传到一个新国王手里时，新国王的弟弟起了坏心，抢走了哥哥的王位。因为害怕哥哥的后代复仇，他强迫国王唯一的女儿去当女祭司，让她终生不能婚嫁。

谁知，美丽的公主被英俊的战神看上了，生下了一对双胞胎儿子。篡位的国王知道后，就派人把俩孩子装进木桶，丢进了台伯河里。

河水把木桶冲到了岸边，兄弟俩哇哇大哭。一只母狼发现了，不仅没有吃掉他们，还把他们当作自己的孩子一样喂养。

后来，有个牧羊人在狼洞里发现了他们，就把他们带回了家，并给他们取了名字。这两兄弟就是罗慕洛和勒莫斯。

——如此看来，兄弟俩还真算得上是狼的儿子呢。

兄弟二人长大后，知道了自己的身世，就带着一帮羊倌和农民杀了那个篡位的国王，复了仇。然后，他们决定在母狼救起他们的地方，建一座新城。之后不久，就发生了兄弟手足相残的惨剧。

罗慕洛杀死弟弟后，自己成了罗马城的主人。

世界风云

没有女人，怎么办

有了罗马城，地方是有了，可只有三千居民也不像话啊。于是，罗慕洛四处请人来住。

然而，罗马的七个小山丘实在是太矮小了，最高的只有五十米。人们不是住在海边，就是住在大山上，愿意来这里的人就只有流浪汉、小偷一类的人，而且大都是没有结婚的男人，因为实在是没有女人愿意嫁给他们。

可是，一个城市没有女人怎么能行呢？没有女人，就没有小孩，没有小孩，一个城市怎么发展壮大呢？

罗慕洛苦思冥想，想出了一个好办法——

他举办了一个盛大的宴会，邀请邻居萨宾人前来参加。萨宾人喜欢热闹，就高高兴兴地带着妻子、儿女们来了。

宴会上，罗慕洛说："我们来玩一个游戏。首先，已婚和未婚的女人分成两列。"

萨宾人还真以为这是个好玩的游戏呢，乖乖地分开了。

突然，罗马人冲了过来，以迅雷不及掩耳之势，将未婚的萨宾女人全都抢走了。

世界风云

被罗马人抢走了女儿和姐妹，萨宾人气得跳脚，但又没有办法，因为是参加宴会，什么武器都没带。

于是，这些萨宾人怒气冲冲地跑回去，努力操练兵马，一年后带着一支强大的军队来复仇了。

双方一连打了几次仗。最后一次，出人意料的事情发生了：

被抢走的女人爱上了这些年轻的罗马人，苦苦哀求双方不要打仗。因为，不管谁输谁赢，她们要么失去父母兄弟，要么失去丈夫。

于是，一个有趣的结局产生了：罗马人和萨宾人合二为一。大家成了真正的一家人。

罗慕洛也没有独揽大权，而是设立了三个机构：王、元老院和库里亚大会，和大家一起来治理罗马。

其中，库里亚大会允许氏族成年男子参加，元老院由100位贵族组成，而王，则是由库里亚大会推选出来，经元老院同意后，任期终身。慢慢地，几乎所有人都知道，只要愿意在罗马定居，就可以成为罗马人。罗马城的人也就越来越多了。

嘻哈乐园

世界风云

不喜欢打仗的国王

罗慕洛死后，谁来继承他的王位呢？罗慕洛的儿子？

当然不是。罗马人选了一个德高望重的萨宾人来做罗马的国王，他就是努玛。

努玛爱读书，也爱和平，就是不爱打仗。他为战神修建了一座神殿，规定神殿的大门平时必须关闭，只有在打仗的时候才能打开。

结果，在努玛统治的日子里，两扇门从没打开过。

不打仗，就意味着罗马人不能从别人那里抢夺财物和土地，为了使罗马人过上更好的生活，努玛就鼓励大家多种田和多养牲口。

他规定，每个月的9号和19号是赶集的日子，大家可以把自己用不着的，或者多余的东西，统统拿到集市上去交换需要的物品。

努玛还给罗马的神排

世界风云

了顺序。在这之前，罗马人崇拜的神非常混乱，有些是从希腊引进来的，如众神之王宙斯、天后赫拉、智慧女神雅典娜等；有些是罗马本土的神，比如都市之神罗慕洛；还有一些是从其他民族引进来的。

这么多的神，可不容易乱套吗？

努玛就把这些神统统排好顺序，告诉大家谁是战神，谁是农业之神，谁是酒神，谁是爱神等。这样，大家就有了共同的守护神。

有趣的是，和希腊诸神一样，这些高高在上的神，没有一个是完美的，每一个神都有一些小缺点，比如天后赫拉善妒。每个神都跟人一样，也都有自己独特的性格和脾气。因为，对罗马人来说，神只是他们的守护者，而不是道德的化身。

在努玛统治的四十三年里，罗马从没打过仗，也没有发生过暴乱事件。罗马人平平静静地度过了几十年时光。

努玛死后，罗马的和平也结束了。战神神殿的大门，也开始常年打开了。

自由广场

可怕的法西斯

有一次我看到罗马国王出行，他穿着长长的袍子，还带了威风凛凛的卫队。不过队伍里那些人扛着的东西我有点看不明白，又像棒子，又像斧头，到底是用来干吗的呀？

记者甲

罗马贵族甲

是不是很多木棒捆在一起，中间插了一把锋利的斧头？告诉你吧，那叫法西斯。这可不是一般的武器，它在我们罗马是最高权力的标志。

听说法西斯还能用来惩罚犯人呢，是真的吗？

罗马公民甲

罗马贵族乙

是啊，如果有人犯了很严重的罪过，国王就会命人用法西斯狠狠地抽打他，直到打得他只剩最后一口气，然后抽出法西斯里的斧头，一斧砍掉他的脑袋。

哎呀，好可怕啊。以后我看到法西斯，一定要躲得远远的！

罗马公民乙

奇幻漂流

女婿难道比儿子亲

编辑老师：

　　你好，我是小塔克文，是老塔克文国王的儿子。前不久，我父亲被人暗杀了，我很伤心。但我必须振作起来，因为我准备接任我父亲的位置，完成他没有完成的心愿。

　　可让我没想到的是，在这关键时刻，我的亲生母亲竟然没有向着我，而是向着她的女婿塞尔维乌斯。我父亲一死，她就偷偷叫人通知塞尔维乌斯，叫他赶紧回来争夺王位。结果，王位被塞尔维乌斯抢走了。

　　编辑老师，我真是想不通，在我母亲眼里，难道女婿比儿子还亲吗？她为什么不帮我，反而帮着她的女婿呢？

小塔克文

小塔克文先生：

　　您好。据我所知，罗马的王位并不是由儿子继承的，而是大家共同推选的。所以就算您想继承父亲的王位，也要看大家愿意不愿意不是？

　　而且，您这个人野心太大，性格也很暴躁，不见得适合当国王。反而是塞尔维乌斯，脾气和性格都比您好，也很有才干，还很受大家的爱戴。就连您母亲都看出来他比您更适合当国王，您还有什么好抱怨的呢？

　　最后我还听说，塞尔维乌斯准备把女儿嫁给您呢。这样就算您做不成国王，也能做国王的女婿，不也挺好的吗？

名人来了

 特约嘉宾 塞尔维乌斯（简称"塞"）

 越越（简称"越"）

嘉宾简介：罗马的第六位国王，老塔克文的女婿，小塔克文的岳父。他在位期间，进行了许多改革，不但缓解了平民与贵族之间的矛盾，同时也将罗马从一个落后的氏族部落，变成了一个先进的国家。

越：国王您好，听说您最近在改革？

塞：是啊，现在平民越来越多，意见也越来越多，再不改，恐怕会出大事啊！

越：您说的平民，是指那些种地的百姓吗？

塞：有地种的都是罗马人。我说的平民来自被征服的地区，不属于"罗马人"，不能担任公职，不能与贵族通婚，也不能分到土地。所以，他们无地可种啊。

越：我知道了，没地种就没饭吃，所以他们就打算找麻烦，对吧？

塞：嗯，前一阵子他们就急过一次，把先王刺杀了。所以我一继位，就准备进行改革，免得重蹈覆辙。

越：那您可以跟我说说，这次准备怎么改革呢？

塞：嗯。首先，我重新划分了部落。你知道，我们罗马是根据血缘关系来划分部落的。也就是说，如果没有血缘关系，任何一个人都不能加入我们罗马。
现在，我废除了这种划分方式，把全国按地域分为四个部落。不管你从哪里来，只要做了登记，就可以成为这个部落的人，成为罗马人。

越：这样一来，外来人就没有排外感了。嗯，这是一项好制度！

塞：其次，我把全罗马人按照财产的多少，分为五个等级。我规定，每个阶层必须提供一定数量的兵力，有钱的多提供一点，没钱

名人来了

的可以少提供一点,但是谁也不能偷懒。

越:那没有钱,也没有财产的呢?

塞:没有钱的,就是无产者,在第五等之下,不列等级。

越:噢,真可怜。

塞:这也是为他们着想。打仗的时候,我们所有士兵都必须自备武装,不同等级的装备要求的质量不同,数量也不同。比如,第一级须备好马匹和全套重武装,第五级只要备好投石器就可以了。

越:那五级以下是不是什么都不用准备,只要出个人就行了?

塞:差不多吧。

越:嗯,这样也还算公平,也能让大家服气。

塞:最后,我创办了一个新的民众大会,让每个阶层都有表达自己意见的机会。

越:哇,真厉害,您想得太周到了。

塞:嗯,这是罗马不断壮大的根本力量。(看看外面)时间不早了,我的女婿还在外面等我,今天就到这里吧。

越:好的……等等,您的女婿是小塔克文吗?

塞:是啊,小记者认识他?

越:不认识不认识,我只是想提醒您一下,您的这个女婿风评不太好,您要小心为上啊。

塞:哈哈,我是他的老丈人,他能拿我怎么样呢?小记者过虑了。

越:知人知面不知心。好了,我衷心祝愿罗马变得更加繁荣强盛。国王再见。

广告贴吧

 修建罗马的第一座桥

现在，我们七个山丘已经有五个住上了人，为了把七个山丘连接起来，方便大家联系，我决定在台伯河上架一座桥梁。这也是我们罗马建设的第一座桥，欢迎精通桥梁建设者前来参与。

安库斯国王（第四代国王）

 将制盐业收为国有

对于罗马人来讲，盐既是我们的生活必需品，也是我们的货币。之前为了大力发展制盐业，国家允许个人经营盐田事业。现决定把它收为国有，以确保国库收入。

罗马元老院

 去希腊考察

为了把罗马建设得更好，我们决定派出一个考察团，去希腊学习著名的梭伦之法，了解一下希腊各国现状以及法律。

此次考察责任重大，要求考察人员具有丰富的实践经验，有一定阅历，且有深刻的观察力和洞察力。

名额只有三个，欢迎市民推荐。

罗马元老院

第 2 期

【公元前 534 年—公元前 264 年】

赶走国王的罗马人

穿越必读

罗马人嫌国王太专制，竟然把他们的国王赶走了，选了两个执政官来管理国家。从这以后，罗马王国就变成了罗马共和国，再也不会有人能够独揽罗马的大权了。

顺风快讯

国王死在了女儿手中
——来自罗马城的加急快讯

来自罗马城的加急快讯

（本报讯）最近，罗马城传来一个惊人的消息：国王塞尔维乌斯被人杀害了！而凶手不是别人，正是他的女儿和女婿！

这是怎么一回事呢？原来，塞尔维乌斯有两个女儿，一个野心勃勃，一个温顺文静，分别嫁给了老塔克文的两个儿子。本来是两门不错的亲事，可是结婚后，两对夫妻都过得不开心。

原来，有野心的女儿嫁给了兄弟中安静的那个，而温顺的女儿却嫁给了有野心的那个。日子没过多久，性格温顺的那两个人不知怎么就死了，剩下两个有野心的人结了婚，这就是图莉亚和小塔克文。

图莉亚不满足于做公主，她想做的是王后，于是怂恿丈夫小塔克文夺取父亲的王位。两个人一拍即合。

一切准备妥当后，小塔克文带领一群人气势汹汹地赶到元老院，把塞尔维乌斯拦腰抱住，从高高的台阶上摔了下去。而这时候，图莉亚驾着马车，毫不留情地从父亲身上碾了过去。

狼子野心的夫妻俩，就这样当上了罗马的国王与王后。

世界风云

不要国王,要"共和"

小塔克文当上国王后,非常专制,不听取元老院的意见,也不召开市民集会,更不允许别人反对他。他喜欢打仗,就一年到头打打杀杀,四处扩张;他喜欢钱,就想方设法地把钱装入自己的腰包。

罗马人十分不满,纷纷表示:"这样的国王,我们不要!"于是,公元前509年,罗马人拿起武器,把国王一家赶出了罗马。

赶走了国王后,罗马人马上宣布:以后,我们再也不立国王啦!谁想当国王,谁就是我们共同的敌人。

可是,一个国家如果没有国王,那不就乱套了吗?

当然不会,因为聪明的罗马人想出了一个更好的办法:选出两名执政官来管理罗马。

和国王一样,无论到哪里,每个执政官都有十二个护卫

我俩都是执政官。

世界风云

在前面开道。每个护卫背着一捆法西斯,象征执政官的威严。如果有谁犯了法,执政官就让护卫用法西斯惩罚他。

为了防止执政官权力过大,像以前的国王一样一手遮天,罗马人还规定:如果一位执政官做出不合理的决定,另外一位执政官就可以一票否决。

每个执政官的任期只有一年,一年以后,执政官就变成普通公民。每个执政官的年龄不得超过四十岁。

当然,如果遇到战争这种重大事件,就必须由元老院开会讨论,才能决定。元老院会选出一个有能力的人担任独裁官,领导大家共同抗敌。

不过,独裁官的任期只有六个月,而且战争一结束,这个人马上就得乖乖地拍屁股走人,回家种田。

这就是有名的"罗马共和国"。

哈哈,我们是没有国王的共和国!

荣誉比身体更重要

小塔克文被罗马人赶走后,很不甘心,从一个叫波塞那的国王那里,搬来一支救兵。

> 他们这是想要饿死我们啊!

眼看敌人就要打过来了,罗马人心急如焚。危急时刻,有个叫贺雷修斯的罗马勇士一个人跑了出去。

罗马城外有一条河,河上有一座桥。贺雷修斯砍断了那座桥,把敌军挡在了河那边。而他自己却跳进河中,躲过敌人的箭雨,游回了罗马城。

波塞那的大军过不去,就派人把罗马城包围起来,想困死他们。罗马城的粮食一天天减少,罗马人恐慌不已,但谁也想不出什么好办法。

这时,一个叫穆基乌斯的小伙子来到元老院,声称他能够退去敌兵。

"那你需要多少兵呢？"元老们问道。

"不需要，只要我一个人去就好。"小伙子说。

原来，小伙子认为擒贼先擒王，只要杀了波塞那，罗马之围就自然解除了。元老们想不出别的办法，只好答应了。

等到天黑，穆基乌斯就带着一把匕首溜进了敌军的大本营。可是他根本不认识波塞那，见一群士兵簇拥着一名军官，以为他就是波塞那，就拔出匕首，一下把那军官刺倒在地。

"天啊，他杀死了财务官！"士兵们一拥而上，七手八脚地把穆基乌斯按倒在地，押到了波塞那的面前。

波塞那问他："你是什么人？竟敢到这儿行凶！"

穆基乌斯知道自己杀错了人，十分失望。听到波塞那的问话，挺直了身子说道："我是罗马的公民穆基乌斯，今天是特意来杀你的！要杀要剐，随你的便！我们罗马人死都不怕，难道还怕拷打吗？"

说完，他把右手放到了烧着火的祭坛上，大叫道："只有胆小鬼才吝惜自己的肉体！"

只见大火把那手烧得吱吱作响，周围的人看得瞪大了双眼，穆基乌斯却始终面不改色。

波塞那看了，说："这才是真正的勇士啊！"说完让人把穆基乌斯放了。

从此，穆基乌斯就成了罗马人心目中的大英雄，几乎每一个孩子都被从小教育，要向穆基乌斯学习呢！

世界风云

把法律刻下来

　　大家都知道,努玛死后,神殿的两扇大门几乎是一直开着的。因为罗马几乎每一年都在打仗,不是打别人,就是被人打。

　　这样问题又来了。贵族们打完胜仗回来,会带回很多战利品,比种地划算得多;平民们打完仗回来,不仅拿不到战利品,自己的田地也荒废了。田地荒废,他们吃什么呢?

　　有一天,一个平民跑到了元老院,抗议说:"罗马城应该设立'保民官'的职位,负责保护我们平民的权益!"

　　元老院是什么地方呢?元老院不是一个地方,而是一个由贵族组成的国家机构,负责商议国家大事。既然是由贵族组成的,不用问也知道,这个冒冒失失的平民一定会吃闭门羹!

　　果然,元老院一口回绝了这个平民的要求。

　　罗马城的平民们知道后,都愤愤不平。

　　有的说:"我们要脱离罗马,到别的地方去住!"

　　也有的说:"凭什么我们离开?应该让贵族们离开。"

　　还有的说:"我们要杀了贵族,让他们知道我们的厉害!"

　　贵族们知道后,也不甘示弱,眼看就要打起来了。

　　这时,城里来了一个叫阿古利巴的人。他把贵族和平民的代表叫到一起,讲了一个耐人寻味的故事。故事是这样的——

　　有一天,四肢对胃说:"我每天要干很多活,还要找吃的,都快累死了。你什么都不干,却能坐享其成,这太不公平了!"

世界风云

于是，四肢再也不给胃提供任何食物。

结果，胃饿坏了，四肢也跟着瘫痪了。

贵族们和平民听了，都陷入了沉思。他们知道，胃指的是贵族，平民指的是四肢。双方只有互相配合，才能生存。

于是，贵族按照平民的意愿，设立了"保民官"。保民官由平民担任，权力很大，只要说一句"我不许"，就可以让任何侵犯平民的举动停下来。如果有人敢伤害保民官，就会被判处死刑。

但光有这些还不够，平民们担心贵族会出尔反尔，要求将规定写下来，刻在板子上，让所有人都看得见。

公元前449年，罗马人将这些法律条文刻在十二块铜板上，放在古罗马广场一角，称它为《十二铜表法》（右图中的文字非原文，仅为示意）。

有了法律的规范，罗马人的干劲更足了。

自由广场

法典真的有用吗

贵族甲

《十二铜表法》是罗马有史以来的第一部成文法典。有了它,我们罗马一定可以更加健康、更加快速地发展。

算了吧,什么第一部法典,没有一项内容是新的,最后还不是你们贵族说了算。说什么保民官权力很大,有一票否决的权力。可你们又在法典里规定,这种权力在战争时期不管用。我想问一问,自从罗马城建立以来,有几年是不打仗的?

平民甲

平民乙

我同意!就拿还债这一条来说,以前我们平民还不起债,马上就要被当成奴隶卖掉。现在呢?法律只不过给了60天的宽限期,60天后再还不上,还不是一样要被卖,一样得不到自由?

不管怎么说,总算是进步了嘛。你们要求不要太高,进步是一点一点来的。如果太快,会容易摔倒的。我们不要老想着过去,要多看看现在和将来嘛,你们说是吧?

贵族乙

奇幻漂流

罗马为什么这么厉害

编辑老师：

你好。我是一名高卢战士，住在意大利北部。前不久（指公元前390年），我们和罗马人打了一仗，攻进了罗马城。没想到，他们还挺有骨气，死守着一个小山丘，宁死也不投降。

所以，我们就断了他们的粮食。结果，我们没把罗马人饿着，倒把自己给饿着了。因为四周邻国都说是罗马的"朋友"，不愿意帮助我们。我们得不到粮食供给，饿得不行，只好向他们要了一大笔赎金，撤了！

唉，我真是服了他们，他们怎么这么厉害呢？

一个高卢战士

亲爱的高卢战士：

您好。罗马能从一个小小的城市，发展到今天这么强大，当然是有秘诀的。

您有没有发现，每打败一个国家，一般人会说："投降吧！"可罗马人却会伸出友谊之手，说："嘿，让我们交个朋友吧！"

当朋友有难的时候，罗马人也会伸出援助之手。这样的朋友，谁不愿意交呢？

所以，每打败一个敌人，罗马就会多交一个朋友，让他成为自己人。他们也许没有希腊人聪明，没有高卢人健壮，没有迦太基人有钱。但还有什么，比同化被征服者更能使人强大的呢？所以，现在很多人都争着想当罗马人呢！

也许现在他们还拿你们没办法，但以后，就难说了。

编辑 穿穿

世界风云

皮洛斯的"胜利",得不偿失

罗马统一了意大利中部后,又把目光对准了意大利南部。意大利的南部由许多希腊城邦组成。其中,他林敦城是最富有的一个。

不过,他林敦的人没什么野心,对他们来说,每天去公共澡堂泡泡澡,去歌剧院听听音乐才是最重要的。

可是,野心勃勃的罗马人才不会放过这块肥肉呢。没多久,他们就把舰队开到了他林敦城的港口。他林敦城人没处可躲,又不想上战场拼命,只好花钱请希腊大名鼎鼎的皮洛斯国王帮忙。

皮洛斯的军队中有一支奇怪的队伍,既不是步兵,也不是骑兵,更不是弓箭手,而是二十头大象。

罗马人从来没有见过大象,当象群冲过来的时候,不知道怎么对付,吓得转身就逃。这一仗,罗马军队死了七千多人,皮洛斯的军队死了四千多人。

第二年,罗马人跟皮洛

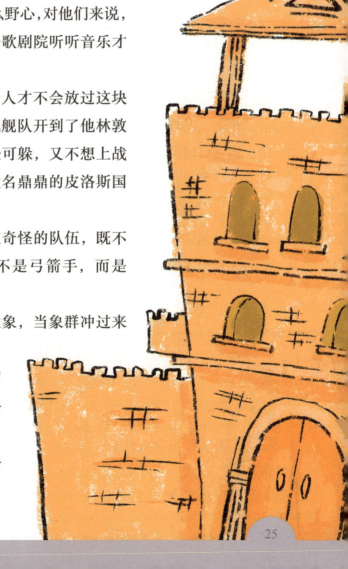

世界风云

斯又打了一场。罗马人还是打不过大象,于是派人偷袭皮洛斯的大本营。皮洛斯被迫赶回去救援,结果,罗马军队死了六千人,皮洛斯军队也死了三千五百人。虽然皮洛斯又赢了,但他损失的全是精兵强将,很难得到补充。

皮洛斯无奈地说:"要是再打一场这样的胜仗,咱们可就什么都没有了。"(后来,人们把这种得不偿失的胜利称作"皮洛斯的胜利"。)

皮洛斯感到不能再跟罗马人打下去了。就在这时,西西里岛上的希腊城邦遭到迦太基人的攻击,向皮洛斯求救。皮洛斯匆匆和罗马议了和,领着军队跑了。

等到皮洛斯再跑回来时,已经是三年后,而这时,罗马因为和迦太基联合,已经强大了很多。最后,皮洛斯也被罗马打败,狼狈回国。

连皮洛斯都被罗马人打败了!希腊人陷入了深深的绝望之中。就这样,公元前267年,罗马人又得到了意大利南部的领土。

特约嘉宾
卡米卢斯
（简称"卡"）

越越
（简称"越"）

嘉宾简介：他曾经五次被选为罗马的独裁官，四次因为战功举行凯旋式庆祝大典。当高卢人占领罗马城的时候，他带领罗马人赶走侵略者，并重建已经成为废墟的罗马城，因此被称为继罗慕洛之后的"罗马第二建国者"。

越：卡米卢斯先生您好，听说北方的高卢人入侵过罗马城？

卡：唉，说来惭愧啊。我们罗马城建立几百年来，还从来没有被外族人入侵过！这是第一次！耻辱啊！

越：高卢人英勇好战，很不好惹。听说他们还弄了个新发明，给自己的战马钉上了铁掌！

卡：是啊，所以为了对付他们，我们罗马第一次派出了一万多的兵力去对付他们。

越：结果还是……败了。

卡：唉，这帮野蛮人进城后，到处搞破坏，搞屠杀。他们把尸体丢进水道，结果水道里的水没法喝了。他们把仓库烧了，结果里面的小麦也被毁了。

越：唉，这样做，不是把自己也害了吗？

卡：这帮蠢驴，他们哪想得到这个。唉，你是没看到，当时城里一片狼藉，血流成河，要多惨有多惨，我们差点儿就亡国了。

越：为什么说是"差点儿"呢？

卡：因为当时罗马人都退到了卡皮托尔卫城。这里是我们罗马的七个小山丘之一，最高，也最小，三面都是山，高卢人围攻了七个月，也没把这座山丘拿下。

越：当时您也在那里？

卡：我不在。因为有人说我贪污，我被流放在外，但我的心里无时无刻不牵挂着罗马。知道罗马沦陷后，我就组织了一些人，准备去营救罗马。

越：成功了吗？

名人来了

卡：当然。不过，罗马的人不知道我要前来救援了。他们实在支撑不住了，准备跟高卢人讲和。

越：怎么讲？

卡：罗马人拿出1000磅黄金送给高卢人，让高卢人撤兵。

越：哇，这么多黄金，都能堆成一座金山了吧？

卡：哼，可这些高卢人不知足，居然还在称黄金的秤上做手脚！

越：这么坏！

卡：所以我知道后，立刻带着军队赶到交易地点，把黄金全部收走，叫高卢人拿走他们的秤盘和秤砣。

越：那议和之事不就被您搅黄了吗？

卡：哼，我们罗马人最擅长的是用铁（指武器）来解决问题，而不是金子！

越：那只能继续打了。

卡：是的。其实高卢人也没多厉害，没几下就被我打跑了。我们又把罗马城收回来啦。

越：还是您厉害！

卡：（叹气）可惜，罗马城遭到这场侵略后，已经变成废墟，无法住人了。

越：啊？那你们是准备迁都吗？

卡：迁都是不可能的。我们的祖先辛辛苦苦创建了罗马城，我们决不能抛弃它和这里的众神。我们正准备重建罗马城，让它恢复以往的辉煌。

越：这可不是一件简单的事情呀。

卡：是啊。所有的城墙都要重建，还有城里的公共设施，几乎都被毁坏了。但是不管任务再怎么艰巨，我也要完成它！

越：嗯嗯，我相信您一定可以的。

卡：好啦，我要去忙了。今天就到这里吧。等罗马城重新建好那天，欢迎你再来参观。

越：一定！一定！

（注：此采访于罗马重建之前进行。）

罗马联盟成立了

为了和周边邻居搞好团结，现（公元前338年）决定成立一个全新的"罗马联盟"。凡有意加入联盟的国家，只能和罗马结盟，不能和其他国家结盟。加盟国之间如果出现问题，也不允许私下解决，必须由罗马仲裁解决。愿和大家共建罗马共荣圈。

罗马共和国

关于增设官职的通告

为加强罗马建设，现需增设以下官员若干：

1. 法务官1名（后增加到16名），任期一年，年龄在四十岁以上。主管司法，战时可代替执政官守卫首都或出征。

2. 审计官2名，任期一年，年满三十即可。主要负责战争时期的财务管理。

3. 财务官1名。主要负责户口财务调查、国家建设支出等监控工作。

4. 按察官2名，须由贵族及平民各两人共同担任，年龄在三十岁以上。主要负责规划各种比赛及活动，保证粮食正常供给等。

罗马共和国

第3期

【公元前264年—公元前146年】

战神汉尼拔

穿越必读

为了扫平前进道路上的障碍，罗马向南方的邻居——迦太基发动了战争。这场战争持续了一百多年，最终罗马取得了胜利。战争结束后，罗马成为了地中海的霸主。

顺风快讯

一个有钱的邻居
——来自迦太基的秘密快讯

（本报讯）罗马人与迦太基人结盟，打败了希腊人。那迦太基人又是什么人呢？你能猜出来吗？

嘿嘿，你一定想不到吧，迦太基人的祖先就是赫赫有名的腓尼基人！

传说，在罗马建城之前，有一位腓尼基的公主，因为受到兄弟排挤，流落到非洲。当地人问她需要些什么，她可怜巴巴地说："只要给一块驴皮大小的土地居住，就可以了。"

当地人觉得这个要求很小，便答应了。结果，聪明的公主把驴皮剪成一根根细细长长的皮条，用它圈出了一块很大的土地。这块地就叫迦太基（位于今北非突尼斯）。与迦太基隔海相望的，就是罗马城。

和腓尼基人一样，迦太基人也很会做生意，挣了不少钱。但经历这么多磨难，迦太基人明白，光有钱没有军队，一样会受欺负，于是花钱请了很多雇佣兵，建立了一支海军，来保卫国家。

不过，花钱请来的士兵，真的能保护他们的安全吗？

来自迦太基的秘密快讯

世界风云

旱鸭子的"怪舌头"

希腊人衰败后,罗马和迦太基一跃成为地中海最强大的两个国家。

一个是陆地强国,一个是海上霸主,两国隔海相望,中间只隔了一个西西里岛,都想找个机会比试比试。

机会很快就来了!

公元前264年,西西里岛上发生叛乱。迦太基和罗马两个邻居都"热心"地赶去帮忙,叛乱平定之后,都不愿意离开。

就这样,一场大战爆发了!

世界风云

一开始，罗马并不是迦太基的对手。这也难怪，迦太基有很多航海高手，还有很多很多大得惊人的战船。而罗马不但没有战船，还是一群旱鸭子，只有挨打的份。

后来，罗马人在海边捡到一艘破船——那是迦太基人扔下不要的，于是按照它的样子，造了一些大船。

迦太基人看见这些船，哈哈大笑。因为这些船实在是太笨了，水手们在上面使劲地划，船只却像蜗牛一般，半天才挪动几步。

但很快，他们就笑不出来了。因为一件可怕的事情发生了！——那些看起来很笨的大船靠近他们时，突然"吐"出一个长长的"舌头"——那"舌头"带有很厉害的大铁钩（又叫乌鸦），猛地一勾，就把迦太基的大船和罗马的船连到一起。迦太基人还来不及反应，罗马士兵就从"舌头"那端冲到迦太基人面前，把他们打得落花流水。

就这样，罗马人一连好几次打败了迦太基人。因为罗马人把迦太基叫作"布匿"，所以这次战争又叫布匿战争（史称第一次布匿战争）。

这是什么？好神奇！

世界风云

遵守承诺的列古鲁斯

公元前256年,罗马决定乘胜追击,去攻打迦太基人的老巢。

领兵的是罗马执政官列古鲁斯。他带着大军,"吭哧吭哧"穿过大海,将战火烧到了迦太基城下,吓得迦太基人到处招兵买马。

在这关键时刻,列古鲁斯得到一个消息——他老家的管家死了,没人打理农庄,雇工们趁机一哄而散,还把农具给偷走了!

列古鲁斯心急如焚,立刻给养老院写了封信,要求辞去统帅一职,提前回国。

没等他辞掉职务,迦太基大军就带着一百头大象呼啸而来!

罗马人对这种庞然大物还是毫无办法,只能眼睁睁地看着大象横冲直撞。被踩死的罗马士兵数不胜数,就连列古鲁斯也做了迦太基人的俘虏。

五年后,迦太基决定和罗马议和,把列古鲁斯也一同派了去。

临行前,列古鲁斯立下誓言:如果议和成功,他就可以留在罗马,不用回来了;不能成功的话,他就返回迦太基当囚犯。

可列古鲁斯一回到罗马,就告诉元老院:迦太基快要完蛋了,绝对不要谈和!只要再坚持下去,罗马一定能取得胜利!

世界风云

然后，他不顾亲人朋友的反对，坚持要兑现承诺，返回迦太基。结果，愤怒的迦太基人把他关进了一个装满了长针的笼子里，杀死了。

公元前241年，罗马人果然再次打败了迦太基人。

这一次，迦太基人实在撑不住了，他们决定退出西西里，同时向罗马赔偿3200塔兰同（折合十多亿人民币），以停止这场持续了23年的战争。

美丽富饶的西西里岛，最终落入了罗马人的手里，成为了罗马的第一个行省。

> 我要兑现我的承诺，我不会后悔的！

奇幻漂流

请问阿基米德在哪儿

编辑老师：

　　您好。我是罗马的军队统帅马塞拉斯。我们进入西西里岛后，听说叙拉古有个很有智慧的大学者，叫阿基米德，很会搞发明，他发明的投石器、起重机，给我们的人马造成了严重的伤害。我们甚至觉得这些年来，我们只是跟他一个人在战斗。

　　现在，我想请他来为我们罗马效力，却怎么也找不到他。编辑老师，您知道他在哪儿吗？

马塞拉斯

马塞拉斯先生：

　　您好。我要告诉您一个不幸的消息，阿基米德已经被人杀死了。杀害他的，正是你们罗马的士兵。

　　叙拉古被攻破后，罗马士兵闯进阿基米德家里。当时阿基米德还不知道城门被攻破了。他在地上画了一个圆，正在苦苦思考几何问题。见士兵闯进来，他很不客气地说："走开，别动我的圆。"士兵听了很生气，就拔剑把他杀了。

　　听到这个消息的时候，我们也很惋惜和悲痛。一个伟大的科学家就这样被轻易地杀害了，这不光是罗马的损失，更是全世界的损失呀。

世界风云

复仇吧，战神

战争结束后，很多迦太基人不服气，发誓要找罗马复仇。

一天，一个叫汉尼拔的孩子来到神庙，发誓说："我一定要打败罗马，为迦太基复仇！"

罗马人知道后，哈哈大笑。因为说这话的，不过是个才九岁的孩子。

可汉尼拔却一点儿也不觉得可笑。他跟随父亲打到西班牙，在那儿开疆拓土，创建了一座新的国家，叫新迦太基。

公元前218年，经过精心的准备，汉尼拔率军攻击罗马的一个同盟，逼迫罗马向迦太基宣战。第二次布匿战争爆发。

不过这一次，汉尼拔并没打算与罗马正面对抗，而是准备翻过高高的阿尔卑斯山，从背后杀罗马一个措手不及。

大家知道的，阿尔卑斯山常年积着冰雪，路滑难行，一不小心就有可能掉下悬崖。山里还有很多野蛮人出没，要是落在他们手里，也没有什么好下场。对于罗马人来说，这是老天赐给他们的一道屏障，比任何城墙都管用。

没有一支军队能够翻过这座高山。罗马人是这么想的。

世界风云

所以,当汉尼拔率领他的军队,有如天神下凡一般,来到了罗马人的面前时,罗马人一下子蒙了!他们急忙组织军队,想拦住这支大军,却一次又一次地败在汉尼拔手里。

咦,罗马人的陆军不是很厉害吗?怎么一下不管用了呢?

原来,为了对付罗马,汉尼拔研究出了一种特别的战术:

他把军队排成凸字形,把较弱的步兵放在最前面,把较强的兵力放在两侧,而凸字形的两端,则是精锐的骑兵。

当敌军发起攻击时,前面的军队就向后退却,这时,凸字形就变成了凹字形。等敌军攻入中间,两边的主力军就围攻过来,像两把大钳子一样,把敌军死死地钳住。敌人进也进不得,退也退不得,也就成了迦太基人的"活靶子"。

在一次战争中,汉尼拔大军杀了将近七万罗马人,而他自己,却只损失了六千人。

自此以后,人们就把汉尼拔称为"战略之父"。

英雄的悲剧，迦太基的悲剧

正当汉尼拔把罗马人打得落花流水的时候，迦太基传来了一个坏消息：罗马将领大西庇阿率军打到了迦太基本土！

汉尼拔不得不离开罗马，率军回去解救自己的祖国。

公元前202年，在距离迦太基不远的扎马城，汉尼拔与大西庇阿展开了一场大决战。

然而，这一次，当迦太基的战象像从前一样朝罗马人冲过去时，罗马人却没有逃，而是突然对着它们吹起了喇叭。大象们受了惊，掉头就跑，踩死士兵无数。

一战下来，迦太基死了三万多人，再也没有信心打下去了，只好再次向罗马求和。这一次，迦太基不但丧失了所有的海外殖民地，还被迫答应，没有罗马的允许，再也不能建立军队。

汉尼拔虽然战败了，但迦太基人还是把他当作英雄，选他担任迦太基的执政官。有人嫉妒他，向罗马人告了一状。

罗马人担心迦太基东山再起，要求迦太基人交出汉尼拔。

有一个元老甚至在每次发言结束后，不管是什么议题，都要加一句："还有，我认为一定要毁灭迦太基。"

汉尼拔无奈，只好连夜离开了家乡。

但罗马还是不肯放过汉尼拔，一路派人追杀。汉尼拔无处可逃，只好服毒自杀。

临死前，64岁的汉尼拔悲愤地说："既然罗马人连等一位老人咽气都觉得度日如年，那我就成全他们吧。"

世界风云

汉尼拔死后，迦太基再也没有出色的将领了。

罗马人要求他们交出全部武器，迦太基人答应了；罗马人要求他们交出300名儿童作为人质，迦太基人答应了；最后，罗马人还是不放心，他们要求迦太基人毁掉迦太基城，搬到别的地方去住。

这下，迦太基人愤怒了！为了保卫自己的家园，他们变得空前团结：女人们剪掉头发，用来捆绑刀剑；男人们拿出锄头，制造武器；贵族们把奴隶都解放了，编入军队……

然而，这一切都无济于事。公元前146年，罗马军队还是攻进了迦太基城，一把火将它烧了整整16天。可怜的迦太基人死伤无数，幸存的人们均沦为奴隶。曾经称霸地中海的迦太基城，被撒上了盐巴，变成了一片荒原。

唉，如果汉尼拔还活着，看到这个样子，他一定会很伤心吧！

自由广场

马其顿王国也消失了

罗马平民甲

　　该死的马其顿，趁我们和迦太基掐架的时候，居然与汉尼拔结盟，整得我们不得不两线作战。这些年，咱们可没少吃它的亏。现在迦太基被打败了，哼，咱们总算是有精力对付它了！

　　对，马其顿总想控制希腊，希腊人民已经受够它了！我们要保护希腊，只有我们，才可能把希腊各城邦从马其顿的魔爪下救出来！
　　（公元前171年，马其顿王国彻底灭亡，沦为罗马的属地。）

罗马平民乙

罗马平民丙

　　唉，我们罗马跟迦太基打了整整118年，跟马其顿打了40多年，虽然消灭了他们，可我们自己损失也很大啊，死了好多人，田地也都荒废了，打仗真不是个好事儿呀。

　　不能这么说。战争也给我们带来了很多好处。在战争之前，我们罗马还只是一个小小的陆地国家，打败迦太基后，我们拥有了世界上最强大的舰队；打败马其顿后，我们成了又一个横跨欧亚非的大国，将地中海变成了"我们的海"。接下来，我们要继续扩张，为罗马创造更多的财富！

罗马某元老

名人来了

特约嘉宾
小西庇阿
（简称"小"）

越越
（简称"越"）

> **嘉宾简介**：古罗马名将。他率军发动了第三次布匿战争，攻占了迦太基城，从而结束了罗马与迦太基的百年战争。罗马人骄傲地称他为第二个"阿非利加西庇阿"（第一个是大西庇阿）。然而，他却为他的胜利流下了眼泪……

越：将军您好，请问打败了一代名将汉尼拔，您的感受如何？

小：小记者，你搞错了。打败汉尼拔的是我的祖父大西庇阿，我是小西庇阿。我的祖父离世的时候，我还不到两岁呢。

越：啊，不好意思，功课没做好。那也就是说，您领导第三次布匿战争的时候，您的祖父已经不在世了？

小：嗯，他老人家去世的那一年，汉尼拔也去世了。

越：哦，那还真是缘分。您觉得他俩哪一个更厉害？

小：……不好说，都很厉害吧。一个是迦太基的英雄，一个是罗马的英雄。

越：嘿，这个问题让您回答，真是太难为您了。不过，我听说他们俩见过面，还真的讨论过这个问题。

小：（笑笑）这个事情我也听说过。当时我的祖父让汉尼拔评价一下古今名将。汉尼拔说，亚历山大大帝列第一，皮洛斯列第二，他自己列第三。没有把我祖父算进来。

越：这……按常理，他要是能列第三，您祖父打败了他，应该在他之上吧。

小：汉尼拔可不这么看。他认为，要是当年他打败了我祖父，他的排名还要在亚历山大大帝之上！

越：哈哈！不过确实也奇怪，您的祖父虽然战胜了汉尼拔，但他的名气确实不如汉尼拔！

小：汉尼拔是真的厉害！当年

名人来了

小：整个罗马被他打得没有一个人敢出头，要不是我祖父挺身而出，说不定现在灭亡的是罗马！

越：嗯，您祖父确实是罗马的大功臣啊！

小：唉！可惜罗马人不这么想。他们后来还担心我祖父一个人过于强大，会出现独裁。再加上我祖父热衷希腊文化，一些人看他不顺眼，就总想把他赶下台。

越：啊，这不是兔死狗烹、过河拆桥吗？

小：所以我祖父后来就离开了罗马，死也没有回来。

越：这么严重？

小：他说罗马人不知道感恩，不配拥有他的遗骨。

越：唉。最后，罗马还是要靠他的后人——您来彻底打败迦太基。你们家族真是迦太基的克星啊！

小：（突然失声痛哭）呜呜呜……

越：（不知所措）将军，您怎么了？——您是因为打败迦太基，圆了罗马人的梦而哭吗？

小：（摇头）呜呜呜……

越：那您是为阵亡的罗马战士而哭吗？

小：（摇头）唉，我是为迦太基而哭啊！

越：啊，别人打败了敌人高兴都来不及，您为何要哭呢？

小：他们曾经是一个多么伟大的民族啊，在最危急的时候，表现得也很勇敢，很出众，却还是免不了被灭亡的命运。

越：唉，不但是他们，以前的亚述帝国、波斯帝国、马其顿王国，都无法避免这样的命运啊！

小：呜呜呜……所以，我害怕啊，我害怕将来有人对罗马也会做出同样的事……

越：您放心，至少在您的有生之年，这一天不会来临。

小：唉！希望这一天来得越晚越好吧。

广告贴吧

奖赏令

罗马的士兵们，我们就要跟迦太基人血战一场了！为了奖赏那些为罗马的荣耀奋不顾身的战士们，我军决定，在战斗中首先攻入城池的，赏金冠一顶；杀死一名敌人的，赏金杯一个；刺伤一名敌人的，赏长矛一支！

罗马军队

紧急通知

汉尼拔这个狡猾的家伙，经常化装成我军士兵的样子，潜入我军刺探消息。据可靠消息，昨天晚上汉尼拔突然不见了，很可能又偷偷潜入了我们的军队中。请大家务必提高警惕，若发现有面生的人，都要一律擒拿！

罗马军队

沉痛悼念阿基米德

阿基米德被我们的士兵杀害了，我感到非常难过。我决定处死那个无知的士兵，并为阿基米德举行隆重的葬礼，让我们一起来沉痛地悼念他吧。

罗马执政官：马塞拉斯

智者为王 第❶关

① 罗慕洛兄弟是哪种动物抚养长大的?
② 罗马人抢走了哪个部落的女人?
③ 罗马共和国有国王吗?
④ 执政官的任期有多久?
⑤ 罗马人赶走的是哪一个国王?
⑥ 公元前449年,罗马人制定了什么法律?
⑦ "皮洛斯的胜利"是指什么?
⑧ 罗马第二建国者叫什么名字?他有几次当选为罗马的独裁官?
⑨ 迦太基人的祖先是谁?
⑩ 罗马人船上的大铁钩有个什么别称?
⑪ 罗马人跟迦太基人打了多少年的仗?
⑫ 罗马人跟迦太基人打仗时,还在跟哪个国家作战?
⑬ 汉尼拔为了直达罗马本土,翻越了什么山?
⑭ 在叙拉古一役中,被罗马士兵杀害的科学家是谁?
⑮ 第一个被誉为"阿非利加西庇阿"的人是谁?

智者无敌　王者为大

第4期

【公元前146年—公元前73年】

世界新霸主

穿越必读

布匿战争之后，罗马成了世界的新霸主，罗马的贵族们也变得越来越富裕。相比之下，平民的日子却过得比以前还要艰难，甚至快要活不下去了。这时候，有人出来为平民说话了。

顺风快讯

条条大路通罗马
——来自罗马的特别快讯

来自罗马的特别快讯

（本报讯）现在，整个地中海一带，除了埃及外，几乎所有的国家，都被罗马统治着。这么大的地盘，该如何管理呢？

这可难不倒罗马人。他们开始用又平又大的石块修建大道，像蜘蛛网一样，通往罗马的四面八方。

这些大道十分坚固，品质也十分可靠，不管是刮风下雪，还是翻山过桥，一整天都是畅通无阻。这样，不管哪个地方出了事儿，罗马人总能飞快地抵达。

顺着这些大道，财富像潮水一般源源不断地涌入罗马。罗马人用这些钱建造了美丽的房屋、豪华的剧院、庞大的露天剧场以及公共澡堂，还铺设了许多大管道，把水从没有被污染的湖泊引到城里。人们喝了这样的水，就不再容易生病了。而那些能够引起疾病的脏水，就用下水道排到河里去。

看到这里，你是不是特别佩服罗马人呢？

奇幻漂流

不愿打仗的人

编辑老师：

　　您好。还记得那位打败汉尼拔的西庇阿将军吗？我就是他的外孙大格拉古（我的弟弟叫小格拉古），现在是罗马的保民官。

　　这些年来，为了保卫罗马，我和我的战士们参加了很多战争。如今，罗马成了世界上最富有的地方，人们都说罗马公民是世界上最大的赢家，可实际上呢？

　　由于常年在外打仗，他们的田地不是荒芜了，就是被贵族吞并了。当他们回到家时，发现无地可种，只好跑到城里，却又找不到工作——因为贵族和富人们买了一堆的外国奴隶，而奴隶的价格比他们便宜多了。当贵族们躺在舒适的大床上，喝着美酒，吟诵着荷马的诗歌时，平民们却只能带着妻儿四处流浪……

　　连鸟兽都有自己休息的窝，那些为罗马战斗的人，为什么却只能享受空气和阳光呢？这样下去，谁还愿意为罗马战斗呢？

大格拉古

大格拉古先生：

　　您好。据我所知，罗马的法律规定，每一个罗马公民都有服兵役的义务。服兵役的人，需要自己准备武器铠甲和马匹。

　　所以，您看到的这些问题确实十分严重。因为罗马的士兵大部分来自种地的平民，如果平民连块地都没有，一个个穷得叮当响，怎么有钱买武器呢？没有武器，怎么打仗呢？打了胜仗还一贫如洗，谁还愿意当兵呢？

　　据推算，罗马首都的失业率已高达百分之七。这样下去的话，罗马不要说继续对外扩张了，甚至可能连已经占有的土地都保不住。既然您已经意识到问题的严重性了，那么就为平民做点事吧。大家一定会感谢您的！

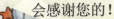

世界风云

为平民说话的两兄弟

公元前133年,在人们的支持下,大格拉古提出了一个土地改革方案。

这个方案很简单,就是把一部分土地收归国有,分一点点给罗马的贫穷农民们,让他们有地种,有饭吃。他们有了财产,也就有了当兵的资格,一举两得。

可贵族们却不乐意,因为他们一点土地都不想分出去,恨不得所有土地都归自己才好。

就在这时,小亚细亚的一个国王去世了,临死前把整个王国送给了罗马。大格拉古正愁没钱,就动用了这笔意外之财。

元老院气坏了,到处造谣说大格拉古野心勃勃,想当国王。但平民们才不相信这些鬼话呢,他们还是继续支持大格拉古,希望他连任保民官。

元老院和贵族急了,决定在选举那天,杀掉大格拉古。

选举在七座山丘中最高的山顶广场进行。有人把这个消息告诉大格拉古,要他赶紧离开会场。

大格拉古却回答说:"现在离开是我的耻辱,我的敌人也会说我是个胆小鬼!"说完,他用手指了指自己的头,表示"危险已经来临",让大家提高警惕。

这时,人群中却突然有人高喊:"不好了,格拉古向大家示意,要求大家给他戴上王冠!"

现场顿时一片混乱。元老们趁机拿起木棒和板凳，把格拉古活活地打死了。这是罗马有史以来发生的第一次流血事件。

格拉古死后，过了十年，他的弟弟小格拉古也当上了保民官。他继承了哥哥的心愿，继续为穷人奔波。为了让穷人吃得起粮食，他建议降低小麦的价格，重建迦太基城，还主张把哥哥的主张制定为法律。

贵族们惊慌地说："格拉古又回来了！"他们决定像杀死哥哥一样杀死小格拉古。

在一次公民大会上，元老院和贵族叫一个侍从故意辱骂小格拉古。小格拉古的支持者们很生气，当场把侍从杀掉了。

这下元老院和贵族可抓到把柄了。他们让人抬着侍从的尸体游街示威，要求严惩小格拉古。在一场激烈的打斗后，小格拉古和他的支持者全部遇害。

自由广场

谁的权力更大

罗马奴隶甲

这罗马到底谁的权力大啊？是元老院还是公民大会？照理，元老院都是贵族，执政官也是他们选出来的，公民大会大多数是平民，应该是元老院的权力大吧？

哪里，元老院只是一个顾问，真正有权力的是公民大会。但按照罗马的惯例，有什么决议，一般都要经过元老院，再交给公民大会表决。如果绕过元老院，直接交给公民大会，就会得罪元老院那帮人。

罗马奴隶乙

罗马奴隶丙

保民官的权力也很大，法律规定保民官的身体神圣不可侵犯，谁要是敢侵犯保民官的人身，就是整个罗马的敌人。但保民官有个致命的缺点，那就是每个保民官任期只有一年，一般不能连任。所以，大格拉古却想竞选连任，这是元老院不能忍受的。

这话说得，好像罗马人特别讲法制似的。其实，罗马人这些规定只是他们的一个习惯，并不是成文法。万一公民大会和元老院起了冲突，谁说了算，难说！要不格拉古兄弟怎么会是这样的下场呢？

罗马奴隶丁

先解决兵源问题

格拉古兄弟虽然死了,但罗马的问题依然存在。这时,一个叫马略的执政官站出来,决定跟随格拉古兄弟的脚步,继续进行改革。

马略曾是小西庇阿的手下,上过战场,立过军功,虽是平民出身,却有一大批士兵拥戴他。但他对学问毫无兴趣,甚至连希腊语都不学,因为他认为:真正伟大的民族是不需要学外语的。

不过,与格拉古兄弟不同的是,马略进行的不是土地改革,而是军事改革。他打算先解决兵源问题,再解决土地问题。

那么,马略进行了哪些改革呢?

马略首先改变了征兵的方式。以前,罗马公民是按照财产的多少,提供相应的兵力。有钱的多提供,没钱的少提供。马略废除了这种方式,规定不管有钱没钱,只要是罗马公民,都有资格当兵。

马略还延长了服兵役的时间。以前,很多士兵们都是打仗前才参军的,仗打完了,就回家了。如今,马略将服兵役的时间延长到16年。士兵退役后,还能领取一小块土地。

凡是自愿当兵的罗马公民,国家还会给他们发放军饷,提供统一的武器装备。

经过马略的改革,罗马的兵源得到了大大的补充。罗马军队打起仗来也更加勇猛,接二连三地打胜仗。这些功绩为他赢得了巨大的声望,人们称他是"罗马人的大救星"。

独裁者苏拉

公元前89年,本都王国向罗马发起挑衅。本都王国是小亚细亚的一个国家,国王米特拉达梯六世是个很有野心的人,他的理想是称霸小亚细亚。

于是,米特拉达梯六世抢走了罗马在小亚细亚的行省,还杀掉了很多罗马的官员,这让罗马人很不高兴。

罗马决定派兵去攻打米特拉达梯六世。可是,谁来统领这支军队呢?这时候有两个人选,一个是马略,另一个是苏拉。两个人都想去,谁也不肯让谁,最后只好抽签决定。结果苏拉赢了,领着大军去攻打米特拉达梯六世。

可苏拉在外边打得火热时，马略却带兵杀回罗马，控制了元老院，宣布苏拉为"罗马公敌"。苏拉得到消息，不敢耽搁，赶紧与米特拉达梯六世签订和约，急忙赶回罗马去了。

在回罗马的路上，苏拉给元老院写了一封信，表示要为自己，为罗马城向那些有罪的人复仇。

可是，等他回到罗马时，马略已经病死了，剩下马略的同党掌控罗马大权。苏拉于是发动内战，到处追杀马略的同党。

他发表了一个"公敌宣告"，声称："我对我的敌人一个也不宽恕，我将用最严厉的手段对付他们！"

有人劝苏拉说，你真正想杀的是什么人，就杀什么人，至于别的人，就放过吧。

苏拉想了想，说："也好。"于是拟出一份"黑名单"。当第一批黑名单上的人死了后，又推出第二批，第三批……凡是列在名单上的人，都是"罗马公敌"，任何人都可以杀他，杀了之后还有奖励。就这样，苏拉把马略的同党杀得一干二净。

接着，苏拉当上了罗马的独裁官。本来，独裁官只在战争时期才设立，战争结束后就取消了。可苏拉这个独裁官，却没有期限。也就是说，他想当到什么时候，就当到什么时候。元老院里也都是他的人，公民大会和保民官也都得听他一个人的。虽然他没有国王的称号，可人们都说："他跟国王实际上没什么两样了。"

就在苏拉权倾一时的时候，有一天，苏拉突然宣布，他要放弃所有的权力，回去做一个平民，种菜钓鱼。说完，苏拉就离开了，真的再也没有回来过。

嘻哈乐园

名人来了

特约嘉宾

苏拉
（简称"苏"）

越越
（简称"越"）

> 嘉宾简介：古罗马执政官，曾多次对古罗马宪法进行改革。他既冷酷又乐观，既勇敢又狡猾，被人形容"一半是狐狸，一半是狮子"。但他自称是一个"幸运的人"，因为对付他的敌人，他从未失败过。

越：将军您好，请问您是什么时候和马略将军结下梁子的？

苏：最早应该是在北非打仗的时候。努米底亚的国王朱古达发生叛乱，罗马让他带兵去收拾朱古达。本来我只是他的财务官，也是我运气好吧，居然活捉了朱古达。

越：啊？那不是抢了他这个统帅的风头吗？

苏：是啊，后来我立的功越来越多，又当上了执政官，他就越发看我不顺眼了。

越：唉，马略将军那时都七老八十了，还跟您较什么劲啊？

苏：（嘲笑）那是你觉得，人家觉得自己还年轻着呢，天天和二十多岁的小伙子比剑摔跤！

越：……

苏：更何况人家也有资本，他的士兵都拥护他，所以他才会拼着一把老骨头，要跟我抢着去攻打本都。

越：为什么大家都抢着去打仗呢？难道都不怕死吗？

苏：怕，谁不怕？可只有通过战争，你才能获得财富、声望、荣耀，以及权力。而且他的胜算也不小，因为元老院支持我，把统帅权给了我，保民官支持的却是他。

越：那如果公民大会也支持他的话，您就没办法了吧？

苏：所以我想了个办法，让大家休假，不要开什么破大会了。

越：啊，这样也可以？

苏：可惜马略他们不答应，带着一帮暴徒，逼我取消放假，这才把我放了。

名人来了

越：啊，马略将军把您放走过？这不是"放虎归山"吗？

苏：只能说我这人运气太好。估计他也没把我当"老虎"看。

越：那他是太天真，也太小看您了。

苏：我能理解。以他那榆木脑袋，哪想得到我后来敢带兵进城，把他赶出罗马！

越：是啊，带兵进城，那可是谋反的大罪！

苏：那是以前。以前的士兵只能忠于罗马，马略整顿一番后，士兵只能忠于统帅。现在我是他们的统帅，他们当然要听我的。

越：那马略将军不是搬起石头，砸了自己的脚吗？

苏：可以这么说。我本来以为我跟他的斗争到这里也就结束了。没想到老家伙贼心不死，居然趁我在外出征时，打回罗马，第七次当了执政官。欺人太甚！

越：所以您为了报复马略将军，不惜制造一场大屠杀？

苏：并不是为了报复他一个。这些年罗马太乱，我想趁这个机会整顿一下，还罗马一个太平！

越：那也不应该杀那么多人啊！

苏：我现在已经辞职了，是一介平民。如果有人觉得我这事做得不应该，在我这受了冤屈，可以来找我报仇。我等着。

越：那也没人敢去找您吧？

苏：还真有一个，不过他只是把我骂了一顿，骂完他就走了。

越：真的？哈哈，不会是您找来的"托儿"吧？

苏：（冷笑）哼！我用得着"托儿"吗？不管怎样，好的坏的，都已经过去了。朋友也好，敌人也罢，我都已经加倍地回报了他们！

越：我突然想起一个人，您跟他很像。他有一句名言，叫"宁可我负天下人，不可天下人负我"。

苏：嗯，说得好，这个兄弟说出了我的心声，可否介绍给我认识一下？

越：……他叫曹操，是中国人。估计您这辈子见不到他了。好了，今天的采访就到这吧。谢谢您。

广告贴吧

寻人启事

我的儿子在今日早上随我出行时，不慎走失，今年五岁，嘴角有一块鸡蛋大的胎记。如有人看到，请速与我联系。我住在阿庇亚大道的五号里程碑附近。

一位心急如焚的母亲

注：所有的罗马大道，必须每隔一里（相当于一千步），在路边立一根石柱，即里程碑。

不要相信苏拉

经过我们的调查发现，苏拉出生在一个破败的贵族家庭里，年轻的时候整天和戏子、小偷、妓女们厮混，可见这个人的品德一定十分差劲。所以，请大家支持马略，不要相信苏拉！

马略的支持者

关于选举方式的改革方案

以前，一般是由贵族们先投票，一旦票数通过一半，选举就宣告结束，没有平民作主的机会。以后，所有选举，不分阶级地位，所有人都可以同时投票。

小格拉古

一餐只能吃一只鸡

为防止共和国风气败坏，一味追求奢靡享受，现规定：人们每餐只能吃一只鸡，而且必须是没有过度喂养的鸡。请大家不要再用泡过葡萄酒的面包、大麦这些食物来给鸡当饲料了！

罗马共和国

【公元前73年—公元前71年】

为自由战斗吧

穿越必读

罗马壮大了,却成为富人的天堂,穷人的地狱。为了追求刺激,他们竟然叫奴隶们相互残杀。终于,一个叫斯巴达克的奴隶受不了了……

顺风快讯

谁是罗马最惨的人
—— 来自罗马的特别快讯

来自罗马的特别快讯

（本报讯）上一期，我们讲了很多关于罗马平民的事情。你是不是觉得平民过得很惨呢？其实，在罗马，过得最惨的并不是这些平民，而是奴隶。

以前，罗马每征服一个地方，都会和对方交朋友。现在，它却像对待迦太基人那样，说："拿钱来，不然把你变成奴隶！"

罗马人有了钱，就把土地开辟成农场，让这些奴隶去耕种，去生产。奴隶们没日没夜地干着活，一刻都不能休息。谁要是累了想喘口气，马上就会被鞭子抽得跳起来，要是活活累死了，就被丢到野外去，反正奴隶又多又便宜，再买一批也很容易。

罗马的奴隶多到什么地步呢？据统计，他们的数量是罗马公民的两倍——也就是说，平均每一个罗马公民，都能有两个奴隶为他干活。

以前的罗马人，都崇尚简单、朴素的生活。而现在，如果你身边没有几个奴隶，穿着不够华丽，就会遭到有钱人的耻笑。

唉，为什么美丽、整洁、先进的罗马会有这样黑暗的一面呢？

奇幻漂流

我想成为一个大明星

编辑老师：

　　您好。最近，我和很多罗马人一样，爱上了一项迷人的运动——角斗！

　　您知道什么是角斗吗？就是让两个身强力壮的男人手持短剑和盾牌，相互搏斗，或者和饥饿的老虎、狮子搏斗。

　　每逢角斗的日子，角斗场上鲜血四溅，时不时有人被刀剑刺死，或者被猛兽撕成碎片。观众们坐在看台上，疯狂地欢呼着："好！来！再来一刀！"那场面真是让人热血沸腾。一些表现优秀的角斗士还受到人们的热情追捧，过得比大明星还要风光。

　　听说罗马附近新开了一所学校，专门培养角斗士。我特别想去参加，可我的母亲不让，怎样才能说服她呢？

一个平民的小孩

亲爱的小孩：

　　你好！你想成为"明星"，那你了解角斗吗？知道他们光鲜的背后是什么吗？真正的角斗是拿来供高贵的罗马人取乐的一个游戏。被迫参加的，多半是一些可怜的奴隶。也许有个别表现优秀的，被罗马人当作明星一样追捧，但更多的，是成为角斗的牺牲品，血洒竞技场！

　　据统计，这种残酷的娱乐活动，已经害得七十多万人被残杀，其中不光有大人，还有孩子！有的角斗士甚至在角斗之前，就选择自杀身亡！

　　可以说，这些角斗士是罗马身体最强壮的人，却也是命运最悲惨的人。所以，听妈妈的话，放弃这个残酷的梦想吧！

编辑　穿穿

为自由战斗吧

公元前73年的一天，罗马城传来一个令人震惊的消息：有一群角斗士造反啦！

领头人是一个叫斯巴达克的奴隶。他原是一名希腊俘虏，因为生得健壮有力，主人把他送到罗马最大的一个角斗士学校。

在角斗士学校，角斗士们的一举一动都被人监视，脚上还戴着沉重的锁链，像个犯人一样地活着。

聪明的斯巴达克很快成了角斗士们的老大。当他发现大家和他一样，天天想逃跑时，便对大家说："与其自相残杀，为贵族老爷们取乐，不如拿起手中的剑，为自由而斗争！"

这番话说到了角斗士们的心坎上。角斗士们听了，一个个激情澎湃，跃跃欲试。

到了深夜，关押角斗士的房间里突然发出一场惨叫。

卫兵听了，急忙赶过去，隔着铁窗问道："干什么！找死啊！给我老实点！"

一名角斗士探出头来，说："不好了，打死人了，怎么办？"

卫兵拿起油灯一照，果然死了个人，于是说："把死人抬出来吧！"边说边开了门。

说时迟，那时快，角斗士很快把他们打倒在地，冲出了牢门。大家冲进厨房，拿起所有可以拿的武器：菜刀、烧火棍、木棍等，冲出了学校……

嘻哈乐园

世界风云

遇见一只"老狐狸"

逃出角斗士学校,斯巴达克带着大家来到著名的维苏威火山,这时他的身边只剩下七十多个角斗士。

贵族们得到消息后,立即派三千精兵把他们围了起来,并封锁了下山的通道。

七十对三千,能打赢这场仗吗?

事实证明,斯巴达克不仅勇敢,还很有谋略。他发现山上长满了结实的野葡萄藤,就让奴隶们砍下藤条,编成梯子。到了深夜,山下的罗马士兵呼呼睡着了。斯巴达克就带着伙伴们沿着悬崖放下梯子,悄悄下了山。睡梦中的罗马士兵毫无防备,被杀了个丢盔弃甲,狼狈而逃。

消息传出后,周围的奴隶和平民纷纷丢下锄头、铁锹,跑来加入战斗,队伍一下就扩展到七万多人!他们一路所向披靡,还把罗马派来的两个执政官给杀死了。

元老院吓得惊慌不已,谁也不敢出来当执政官,

世界风云

只好任命一个叫克拉苏的大富豪为统帅，来对付斯巴达克。

克拉苏虽然很有钱，但他赚钱的路子却不是那么光明正大。

据了解，罗马的房屋十分稠密，很容易发生火灾。克拉苏就成立了一支救火队。然而，等房屋真的着起火来，克拉苏却不急着救火，而是和房主讨价还价，要将着火的房屋买下来。直到房主答应低价卖房，克拉苏才开始救火。

凭着这种"聪明才智"，克拉苏成了罗马最有钱的人。据说，光他一个人就有两万多名奴隶。为了防止奴隶逃跑，克拉苏在每一个奴隶的脖子上挂了一个项圈，上面写着克拉苏本人的名字。

这个老狐狸上任后，采用恐怖的"十一法"，把打败仗的士兵每十人分成一组，随机选出一人，当众处死。结果，罗马士兵为了保住自己的性命，不顾一切向前攻，斯巴达克的队伍开始败退。

斯巴达克也意识到，罗马军虽然损失惨重，却很快能得到补充。而起义军虽然人数众多，却没有根据地，很难长久战斗。想来想去，他决定带大伙儿离开罗马，翻过北边的阿尔卑斯山，返回家乡，去过自由自在的生活。可军队里有一部分是罗马人，他们不愿意离开罗马。两伙人谁也说服不了谁，只好分道扬镳。

斯巴达克带领一队人往北走，准备回家。另一队人往南走，准备进攻罗马城，可还没走几步，就被罗马军队消灭了。

世界风云

不讲信用的海盗

斯巴达克来到北方后,发现这里的人日子过得十分安宁,并不欢迎他们,只好改变主意,掉头杀向罗马。

他们一路向南,突破了克拉苏的防线,一口气打到了意大利半岛的最南边,与西西里岛隔海相望。西西里岛上有很多奴隶,起义军如果去了那里,一定会有更多的人加入。

可是,怎么才能渡过地中海,到达西西里岛呢?

斯巴达克没有船只,只好给了海盗一大笔钱,请他们带自己去西西里岛。海盗答应了。

然而,到了约定的那天,斯巴达克等了很久,

受死吧!

糟糕,被骗了!

世界风云

却始终没有看到海盗船的影子。直到罗马军队出现在他的身后，他才知道——该死的海盗头子，不但收了自己的钱，还收了罗马人的钱！

斯巴达克不得不掉头，与罗马人打了一场。一场血战后，起义军虽然成功突围，可也损失了几万人马。

可克拉苏还是穷追不舍，一场恶战是避免不了了。斯巴达克于是杀死自己的战马，表示要与敌人血战到底。开战后，斯巴达克也是身先士卒，冲在队伍的最前面。

可是，这一次，斯巴达克彻底失败了。斯巴达克和四万多名伙伴全部战死；六千多名战士被克拉苏活捉，钉死在十字架上，在通往罗马的大道上，排了一路。

斯巴达克起义持续了3年，轰动全罗马。虽然它最后失败了，但斯巴达克和伙伴们为了自由拼死战斗的精神，赢得了所有人的尊重。

自由广场

奴隶的出路在哪里

西西里某奴隶

唉！西西里岛的两次反抗都失败了，斯巴达克的反抗也失败了。难道不论我们怎么反抗，都改变不了这种被人奴役的命运吗？

省省吧！作为当今世界最强大的国家，怎么可能这么容易被推翻呢？一旦哪里有暴乱，罗马政府很快就能调来大批军队镇压。这些奴隶哪是他们的对手！简直是不自量力！

罗马某自由民

罗马某高官

是啊，斯巴达克的军队都是临时拼凑起来的，要武器没武器，要经验没经验，听说军队里什么人都有，强盗，小偷，流浪汉……这样的队伍，怎么跟罗马正规军对抗？
而且他们内部一点都不团结，本来实力就弱，还闹内讧，被打败是迟早的事。

哼！不管怎样，我相信这落后的奴隶制度早晚会被废除。到那个时候，就不再有什么贵族、平民和奴隶之分，人人都是国家公民，都享有同样的地位和权利。一定会有那么一天的！

罗马某诗人

名人来了

特约嘉宾
斯巴达克
（简称"斯"）

越越
（简称"越"）

嘉宾简介：一个英勇善战、智慧过人的希腊色雷斯人，在反抗罗马的战争中，不幸被罗马人俘虏。但他不甘心成为罗马贵族取乐的工具，于是揭竿而起，给了罗马人一个不小的教训。

越：斯巴达克先生，听说你们色雷斯人很能打，为什么被罗马人打败了呢？

斯：因为罗马实在太强大了啊。在地中海一带，没有哪个国家打得过他们。

越：打不过他们就投降呗，做个罗马公民也不错。

斯：那是以前。现在罗马人只会把你当奴隶使唤，根本就不把你当作人。

越：不当人？那当什么？

斯：你见过卖牲口吗？

越：见过呀。牲口贩子把牲口一群群地赶到集市上卖，贴上标签，供人们挑选。

斯：在罗马人眼里，奴隶就是牲口。那些奴隶贩子给每个奴隶脖子上挂一个牌子，上面写着姓名、年龄、技能和价格，再把他们一群群赶到拍卖台上，供买家挑选。那些买奴隶的人，拍拍这个，踢踢那个，挑到满意的，就买回去。

越：可是奴隶有手有脚，不会逃跑吗？

斯：逃？怎么逃？他们给奴隶带上手铐、脚镣，套上铁项圈，项圈上还刻上字——"锁住我，别让我逃跑"。还有的更过分，把烙铁烧红了，在奴隶身上烙一个印子，标明是他家的奴隶。被烙了印子的奴隶，不管跑到哪里，都会被抓回来。

越：那些贵族把奴隶买回去干什么呢？

斯：干活儿，像牲口一样干活——耕地，修路，去矿山和作坊工作。什么脏活、累活都是他们干。

越：天呐，真是太惨了。那角

名人来了

斗士呢？

斯：角斗士更惨，虽然不用干活儿，却要给达官贵人们表演。说是表演，实际上都是来真格的，要么与人斗，要么与狮子、老虎角斗，不见到血绝不罢休。那些有钱人特别爱看这个。

越：我实在不能理解这种奇怪的爱好。

斯：是啊，我也无法理解。他们还认为，一个人举办的角斗规模越大，死人越多，就说明他的权力越大，地位越高。

越：真是一群疯子！在他们眼里，奴隶只是一个会说话的工具吗？

斯：说话？哈哈，没有他们的允许，奴隶是不能说话的！甚至连嘴唇都不能动一下！不然就会认为你在心里咒骂他！

越：我的天呐！怪不得西西里岛老有人反抗，全是被这些奴隶主给逼的！

斯：西西里岛是最大的奴隶市场，也是最大的火药桶。所以我一定要去那边！

越：那个地方确实很适合您。当年有个奴隶发动大家反抗，还在那里建立了一个王国呢！

斯：我知道，安条克王嘛。我的想法跟他一样，这些奴隶主不让我们活，我们也不能让他们好过。反正被他们折磨也是死，起来反抗也是死，横竖都是死，不如拼一拼，让他们知道，我们也是人，不是那么好欺负的！

越：嗯，不管结局怎样，你们曾经反抗过，还获得过自由，这已经非常可贵了。

斯：是的，就算是现在死了，我也是为自由而死！没有什么遗憾！

越：生命诚可贵，爱情价更高，若为自由故，两者皆可抛！谢谢您接受我的采访。再见！

（注：本文采访于斯巴达克临死之前。）

广告贴吧

奴隶主的命令

低贱的奴隶们,你们听着:无论主人发布什么命令,你们都要无条件地遵从。哪怕他让你去死,你也得服从命令。那么现在,我命令你们到旁边的小道上去打劫,抢到的财物统统归我。如果谁不愿去,重打 50 皮鞭。

高贵的奴隶主

谁来救救我们

我们的主人说,世上最美味的食物是孔雀脑。所以他天天派我们去森林里抓孔雀,如果抓不到,就要活活打死我们。可是,森林里的孔雀已经快被我们抓完了,主人马上要兑现他的诺言了,谁来救救我们?

悲苦的奴隶们

造反的下场

斯巴达克已经死了,他的同党也别想好过!现在我命令,将抓获的 6000 多名斯巴达克的同党,全部钉死在十字架上。我要让大家看看,这就是奴隶造反的下场!

克拉苏

第6期

【公元前70年—公元前53年】

三个大人物

穿越必读

斯巴达克起义被镇压后,罗马渐渐变得混乱起来。克拉苏、庞培、恺撒,这三个人都想做罗马的主人。后来,三人干脆结成同盟,共同掌管罗马,这就是著名的"前三头同盟"。

顺风快讯

两个执政官
—— 来自罗马的加急快讯

来自罗马的加急快讯

（本报讯）克拉苏打败斯巴达克，立下"大功"，成了人们眼中的"罗马英雄"。元老院为了欢迎他，为他举行了盛大的凯旋式。

什么是凯旋式呢？就是一种隆重的欢迎仪式。在罗马，这种仪式只有少数将领才能享用，是罗马统帅能得到的最高荣誉。

不过，克拉苏对此并不买账。因为，前几天刚从西班牙凯旋的统帅庞培，也接受了同样的仪式，而且比他的还盛大得多。

但克拉苏为人阴险狡诈，富有心计。虽然心怀不满，表面上却装作一点也不在乎的样子，还与庞培联手竞选执政官，互相宣称支持对方。

而按照罗马人的法律，这两个人都还年轻，都不够格。可是，元老院怎么敢公开得罪这两个手握重兵的将军呢？

就这样，公元 70 年，克拉苏和庞培双双当选为执政官。

军事奇才庞培

克拉苏虽然立下大功,又担任了执政官,但对庞培仍然心存忌惮。

见过庞培的人都知道,这人长相平平,小眼睛,蒜头鼻,看上去不像个将军,倒像个农夫。那他究竟是什么人,为什么会有这么大的影响力呢?

庞培出身在一个显赫的军事家庭,他的父亲是一名杰出的统帅。庞培从小耳濡目染,不仅有杰出的军事能力,政治嗅觉也很敏锐。

当年苏拉和马略血腥内斗时,他就意识到,只有投靠苏拉,才能飞黄腾达。于是他到处招兵买马,组建军团,并冲破重重阻碍,来到苏拉身边,成为苏拉的助手。

为了跟苏拉的关系更密切,庞培甚至抛弃了妻子,和苏拉的女儿结了婚。苏拉夺权后,作为他忠实的追随者,庞培也成了罗马的风云人物。

在这之后,庞培开始在战场上崭露头角,先是占领了西西里岛全境,后又去非洲,只用40天的时间就征服了反苏拉派余党。之后,苏拉破例为他举办了一场盛大的凯旋式,给他加上了"伟大的"称号。在这之前,被冠上该称号的只有亚历山大一人。

后来,庞培又率军讨伐西班牙,协助克拉苏镇压斯巴达克起义,都取得了重大胜利。哎,这样年轻有为的军事奇才,难怪元老院会给他比克拉苏更为隆重的凯旋式呢!

绝密档案

拒绝苏拉的人

俗话说,一山不容二虎。现在罗马有克拉苏和庞培两只大老虎,能安稳得了吗?答案很明显,不能!那该怎么办呢?

俩人心里很清楚,要想打败对方,就必须联合第三个人!这个人就是罗马城有名的贵公子——朱利亚·恺撒。

恺撒有两个大名鼎鼎的亲戚,一个是他的姑父马略,一个是他的岳父前执政官秦纳。因此,苏拉当权时,十八岁的恺撒也上过他的"黑名单"。

给点面子嘛!

不过,可能是恺撒太讨人喜欢了,苏拉要吊死恺撒的时候,有人替恺撒求情说:"饶了他吧,这个孩子太年轻了!"

苏拉虽然把恺撒放了,却也很欣赏他,认为他比好几个马略加起来还要厉害。

有一天,他把恺撒请到家中,劝他与秦纳的女儿离婚,以免影响自己的前途。

恺撒却说:"如果有一天

罗马真正需要我，决不会计较我的亲戚是谁。如果我有机会为罗马服务，我也不会把个人恩怨和国家命运连在一起。"

苏拉又劝道："好孩子，你的才华出众，在我见到的所有年轻人当中，没有人能与你相比。你看，庞培虽然只比你大几岁，手上却已经有了兵权，但在我看来，他还不如你呢！"

恺撒听了，低头不语。

苏拉以为他动心了，继续劝说道："假如你我成了亲戚，你就是我唯一的继承人！"

过了好一会儿，恺撒抬起头来，坚定地说："我决不能抛弃我的妻子，您老人家的美意，我心领了。"说完，起身离去。

苏拉见他不识好歹，就派人去刺杀他。没想到，恺撒早已骑上一匹快马，逃离罗马，让刺客扑了空。一直到苏拉去世后，恺撒才回来。

回到罗马后，恺撒自掏腰包，建造了许多崭新的公共建筑，还举办了很多受平民欢迎的竞技活动。虽然他因此负债累累，却也赢得了平民的好感与爱戴。

奇幻漂流

我要去剿灭海盗了

编辑老师：

你好。我是庞培。这些年地中海的海盗越来越猖獗，动不动就杀人越货，还喜欢劫持人质，勒索钱财，就连冬天也不安宁。这样下去，还有人敢来罗马做生意吗？

因为他们，西西里的小麦无法运到罗马，罗马的小麦价格一直居高不下。今年罗马城又出现了粮荒，我想借这个机会，去地中海剿灭海盗，把他们的粮食抢回来给平民吃。

可是我一提议，元老院就立马反对，但公民大会却通过了。大会还给我下了作战命令，让我率 12 万步兵，4000 骑兵，270 艘战舰，去剿灭地中海的海盗，限期 3 年。

穿穿老师，我明天就要出兵了。你看以我的本事，我能在 3 年之内把这些海盗消灭吗？

庞培

尊敬的庞培先生：

您好。我想元老院真是低估您的能力了，而且对付这些小小的海盗，您庞培能用得了 3 年？我听说您已经把军队分成 12 部分，在地中海布下天罗地网。我觉得海盗们的末日就要到了。

您明天就要出兵了，话不多说，祝您早日得胜归来吧。

编辑 穿穿

（注：庞培只用了 3 个月时间，就剿灭了地中海的海盗，完美地完成了任务。后来，庞培又领兵东征，灭亡了本都王国和塞琉古王国，成为罗马势力最强、权力也最大的人。）

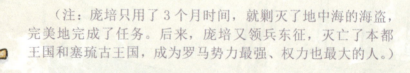

三只"大老虎"

公元前61年,恺撒被任命为西班牙行省总督。在那里,恺撒打了很多胜仗,为罗马赢得了很多土地。从此,恺撒和克苏拉、庞培一样,成了对罗马举足轻重的人物。

第二年,恺撒凭借自己的才能、胆量和威望,成了执政官的候选人。这个时候,克拉苏与庞培各自打起了小算盘。

与庞培相比,克拉苏有用不完的钱,缺少的是军权。克拉苏想:"如果把恺撒争取过来,不就可以把庞培压下去吗?"

而庞培呢,之前他外出打仗的时候,曾经答应过士兵,等仗打完了,要给他们一些土地和特权,可由于克拉苏从中捣鬼,元老院就是不同意。所以,庞培也想将恺撒争取过来。

那么,面对两只"大老虎"的拉拢,恺撒会选谁呢?

恺撒是这么想的:"克拉苏有钱,庞培有军队。这两样都是我需要的。"于是,恺撒从中斡旋,让两个人重归于好。

为了共同对付元老院,三人达成秘密协议,约定:从今以后,罗马的任何一项措施都不得违反他们三人中任何一个人的意愿(史称"前三头同盟")。

公元前59年,在克拉苏和庞培的推荐下,恺撒如愿以偿,成为罗马的执政官。作为回报,恺撒也批准了庞培和克拉苏提出的各项提案,赢得了二人的信任。

罗马的掌权者,也从两只"大老虎",变成了三只"大老虎"。

嘻哈乐园

自由广场

恺撒嫁女

平民甲：哎呀，50多岁的庞培又结婚了，新娘才18岁。这是谁家的姑娘啊？大好青春，却要嫁给一个老头子，真是不幸！你们说，这会不会是庞培从哪抢来的姑娘啊？

平民乙：别胡说。那可是恺撒的女儿！恺撒为了和庞培搞好关系，就把自己订过婚的女儿嫁给庞培了呢！唉，真不知道该怎么说才好！

酒馆老板甲：什么？恺撒可是我心目中的英雄。他怎么做出这种事？

酒馆老板乙：这些达官贵族做事情，咱们是永远看不懂的！可能在他们眼里，没有善与恶，只有利与弊吧。

某演说家：当年庞培为了巴结苏拉，抛弃了跟随自己多年的妻子，娶苏拉的女儿为妻。现在恺撒为了巴结庞培，把自己的女儿嫁给他。可见这些人啊，没有谁比谁更高贵，都是一路货色！

名人来了

特约嘉宾
克拉苏
（简称"克"）

越越
（简称"越"）

嘉宾简介： 他是罗马的执政官，也是罗马的首富。在他眼里，一切都是可以用金钱收买的，包括人心。从元老院到最底层，几乎都是他的债务人。与其说他是一个官员，不如说他是一个商人。

克：嗨，越越，你好哇。

越：（受宠若惊）尊敬的执政官先生，您还知道我的名字啊？

克：那是当然，在罗马，凡是跟我打过交道的人，我都能叫出对方的名字。

越：执政官先生日理万机，还能如此亲民，小民佩服。

克：哎，这种方法又不用花钱，又能让大家开心，何乐而不为呢？

越：啊，难道这只是您讨好民众的一种手段吗？

克：怎么能这么说呢？我也经常花钱在家里招待那些穷人啊。

越：哦，这么大方？可我怎么听说，您很小气呢？

克：这都是谣言，谣言！我可是经常借钱给朋友，还不收利息呢！到哪里找我这么好的人啊？

越：可一旦借期到了，您就会马上要别人归还，是不是太不讲情面了呢？

克：我能借，而且还不收利息，不是已经很给情面了吗？既然说好了什么时候归还，就得归还，这是信誉问题，怎么是我小气呢？

越：（挠挠头）好像也是。有借有还，再借不难。

克：这就对了，不要听别人诬蔑我。如果我那么小气，我会在镇压斯巴达克起义的时候，掏那么多钱出来打仗吗？

越：这个嘛，也许恺撒最有发言权，听说您经常借钱给他，还出钱帮他竞选，甚至为他还债，这是为什么？

名人来了

克：恺撒这小兄弟，能文能武，前途无量。我现在帮了他，将来我有了困难，他肯定也会帮我，不吃亏不吃亏！

越：所以，我能不能这么理解，帮恺撒和镇压斯巴达克起义，都只是您的一个投资，对吧？

克：没好处的事情谁会做？我又不是傻瓜。

越：可您现在要军队有军队，要权力有权力，要金钱有金钱，为什么还要讨好恺撒呢？

克：实事求是地说，我虽然又有钱又有兵，但能力确实不如庞培和恺撒那两个小子。要是没有恺撒，庞培那小子该翻天了！

越：但人家再有能耐，立了功，也是人家自己的，与您何干？

克：你说得对，所以，我最近打算去攻打帕提亚帝国。

越：帕提亚帝国？我知道，他们很善于做生意，我们中国把它叫作安息帝国，经常跟它打交道。

克：嗯，听说他们老有钱了，要是能打败他们，不但能挣上一份军功，还能大捞一笔，哈哈。

越：看来您对这次战役很有信心哦。

克：那是当然，我不但要征服帕提亚，还要征服印度，实现亚历山大大帝的梦想。

越：您这野心够大的。这都已年过60了，不能好好地在家颐养天年吗？

克：这左一个庞培，右一个恺撒，你叫我如何安心休养啊？

越：哦，那我要提醒您一下，帕提亚是马背上的民族，他们的骑兵相当厉害，您要小心。

克：不怕，当年亚历山大大帝都能征服波斯，现在波斯没落了，怎么会是我罗马军团的对手？几个月之后，你就等着来参加我的凯旋式好了，哈哈！

越：好吧，但愿如此。

 演讲通知

我是西塞罗，明天中午，我将就自然与哲学问题，向大家做一个公开演讲。请大家相互转告。到时欢迎大家一起跟我探讨这个问题。

西塞罗

（注：罗马非常流行公开演讲，而西塞罗是当时公认的伟大的演说家。）

 我愿替恺撒还钱

借给过恺撒钱的，请债主不要去为难恺撒了，直接来找我克拉苏，我愿意替恺撒还清所有负债。

克拉苏

 诚聘希腊老师若干名

因家庭需要，现招聘希腊老师若干名，主要教授：拉丁文和希腊文法、修辞学、辩证学、数学、几何、历史及地理。

要求：熟悉荷马、柏拉图、大加图的文章，懂数学、几何、历史及地理。若还能教授天文学、建筑及音乐，在雅典学校毕业者，优先录用。

宙斯神庙修建处

智者为王 第2关

1. 格拉古兄弟的土地改革成功了吗？
2. 在谁的改革下，罗马的兵源得到了扩充？
3. 一生当过七次执政官的是谁？
4. 在罗马第一次流血事件中牺牲的人是谁？
5. 哪个王国的国王想称霸小亚细亚，向罗马宣战？
6. 苏拉的独裁官期限是六年吗？
7. 角斗士是不是奴隶？
8. 斯巴达克起义是谁领导的？
9. 斯巴达克起义一共持续了几年？
10. 罗马最有钱的人是谁？
11. 前三头同盟的成员是哪三位？
12. 继亚历山大大帝之后，第二个被冠上"伟大的"称号的是谁？
13. 庞培花了多少时间剿灭了地中海的海盗？
14. 罗马最喜欢请哪里的人当老师？
15. 克拉苏想征服哪个国家？

第 7 期

【公元前 53 年—公元前 44 年】

恺撒！恺撒！

穿越必读

恺撒凭借自己的军事才能，征服高卢，大大扩展了罗马共和国的版图。克拉苏死后，恺撒又打败庞培，成了罗马的终身独裁官。一个属于恺撒的时代，到来了！

顺风快讯

克拉苏战死了
—— 来自帕提亚帝国卡莱城的加急快讯

来自帕提亚帝国卡莱城的加急快讯

（本报讯）公元前53年，克拉苏率领四万大军，兴冲冲地来到东方，攻打帕提亚帝国。

帕提亚帝国位于伊朗高原，原本受塞琉古王国统治，自公元前247年建立以来，至今已有将近两百年的历史，实力不俗。

听说克拉苏来攻，帕提亚国王派出使者，劝他不要轻举妄动。

克拉苏一心想立功，哪里听得进去，还放出话说，要打入帕提亚的都城。

使者听了哈哈大笑，伸出手，指着自己的掌心说："啊，克拉苏，你要是能看到我们的都城，头发能从这里长出来！"

不久，克拉苏果然在草原上中了对方的埋伏，全军覆没，就连他的儿子也战死了。

第二天，敌人派来个使者，说要和克拉苏和谈。结果克拉苏一进敌人军营，就被当场砍死。据说克拉苏死的时候，敌人往他的嘴里灌满了熔化的黄金，说是为了满足他的最后心愿。

唉，爱钱如命的他，最后却死在"钱"上，可笑可叹！

以前克拉苏、庞培、恺撒三人相互联合，又相互制约，现在克拉苏死了，恺撒和庞培还能和谐相处吗？

世界风云

恺撒斗庞培，谁负谁胜

克拉苏在东方打仗时，恺撒正在北方与高卢人战斗。他用了将近十年的时间，征服了整个高卢（相当于今天的法国）。

恺撒的胜利，引起了庞培的恐慌。他担心恺撒会超过自己，于是跑到元老院，让元老们给恺撒写了封信，要求他立即交出兵权，回到罗马。

恺撒接到命令后，很不服气，回信说："如果庞培不交出兵权，

世界风云

我也不交。如果一定要我服从，那咱们就刀兵相见。"

元老院拒绝了这个建议，回信说："如果你再不交出兵权，你就是罗马的公敌！"

在罗马，被宣布为"罗马公敌"可不是一件小事，它意味着恺撒失去了法律的保护。只要是罗马的公民，谁都有权杀他。

恺撒知道后，立即率军赶往罗马。

在罗马的边境，有一条卢比孔河。罗马法律规定：任何人不得私自带兵越过这条小河，否则就是叛国。

恺撒来到卢比孔河边后，望着奔流不息的河水，转身对士兵们说："就这样吧，已经无法回头了。"说完就蹚过了河（后来，"跨过卢比孔河"这句话用来形容无法回头，只能硬干到底了）。

恺撒原以为要大干一场，没想到罗马人纷纷指责庞培，庞培一点准备也没有，仓皇逃走了。

在大家的欢呼声中，恺撒不费吹灰之力进入了罗马，成了罗马唯一的执政官。

世界风云

英雄难过美人关

庞培被恺撒一路追杀，最后来到埃及，准备寻求埃及人的支持。

不幸的是，埃及国王托勒密（史称托勒密十三世）和他的姐姐克里奥帕特拉（史称埃及艳后）因为抢夺王位，正打得不可开交。

为了讨恺撒的欢心，国王派人把庞培杀死，将头颅献给了恺撒。但恺撒并不领情，反而下令处决了杀死庞培的人。

而克里奥帕特拉呢，则干脆把自己用一张华丽的毛毯裹起来，以送礼为名，让人送到恺撒的大营。

据说克里奥帕特拉不但长得倾国倾城，而且一开口就能迷倒所有人。俗话说"英雄难过美人关"，当她从毯子里面走出来时，她的美艳和勇敢一下子打动了恺撒。

恺撒于是带兵征服了埃及，让克里奥帕特拉做了女王，还在埃及住了半年，与她生了一个儿子，取名叫恺撒里昂。

不久，庞培的老部下在本都发生叛乱，恺撒又亲自带着军队去平叛，只花了5天时间，就把叛军打败了。

事后，他用最简洁的拉丁文写了一封捷报送给元老院，上面只有三句话："我来，我见，我征服。"

当恺撒带着埃及艳后和儿子一起回到罗马时，罗马人为了欢迎他们，还举行了长达10天的凯旋式呢！

恺撒，恺撒，伟大的恺撒

恺撒回到罗马后，宣布自己为罗马共和国的终身独裁官，连元老院也拿他没办法。

不过，他并没有滥用权力，而是利用权力给人们做了很多好事。

他不计前嫌，赦免了很多庞培以前的将领，还重用了他们。庞培有个叫布鲁图斯的年轻部下，被他认作义子；还有一个叫西塞罗的保民官，一直跟他作对，也照样得到了他的尊重。

他还将元老院来了一次大换血，安插了很多自己的"亲信"，这些人有商人，有平民，有老兵，还有的甚至是奴隶。他把这些人当作兄弟，让他们成为罗马公民，进入元老院。

以前，罗马的各大行省，比如高卢、西班牙、叙利亚等，政治地位都远远比不上罗马城，他们的老百姓没有选举权，不能和罗马公民享受一样的待遇。

现在，恺撒改变了这一切，将行省的地位提升到和罗马城一样高，让他们和罗马公民享有一样的权利，还提出参与自治的城市有权自己处理自己的事情，自己选择自己的官员……这些措施，都得到了当地人们的热烈拥护。

现在的罗马，比起从前的亚历山大帝国，已经毫不逊色了，而恺撒也和亚历山大大帝一样，成了人们心目中的大英雄。

混乱的日历

大家知道，一年有 12 个月，平年有 365 天。可是，在罗马刚刚建立的时候可不是这样。他们把一年分为 10 个月，每年 304 天。

这样做的后果是什么呢？你猜的没错！没过几年，罗马的春、夏、秋、冬就混乱得分不清了。日历上明明还是夏天，可怎么就下起雪来了呢？

后来，罗马人纠正了一次日历，把一年分为 12 个月，355 天，可与实际的 365 天还差了 10 天，人们还是常常把四季搞混。

恺撒成了罗马的统治者后，非常重视这件事，于是他下令改革日历。

有人提出，将一年定为 12 个月，单月 31 天，双月 30 天，这样一年就有了 366 天。又有人说，2 月是不吉利的月份，应该快点儿让它过去。因为按照罗马的习惯，囚犯总是在 2 月处决。于是，人们又把 2 月减了一天，变为 29 天。

就这样，日历定了下来，一年被分为 12 个月，365 天。这种日历被称为"儒略历"，和我们现在的日历已经很接近了呢！

为了纪念恺撒，人们将恺撒的出生月 7 月定为恺撒月。而 7 月的英文名，用的就是恺撒名字的缩写——July。

世界风云

恺撒遇刺，谁是凶手

恺撒的威望越来越高，崇拜者也越来越多。广场上竖立着他的雕像，钱币上铸造着他的头像，就连执政官就职时，也要宣誓向他效忠……

事实上，他已经成了罗马的帝王。可是，罗马人很早以前，就把国王赶走了。他们讨厌帝王，也不需要帝王。

在一次盛会上，执政官安东尼突然拿出一顶皇冠，戴在恺撒的头上。然而在场的，除了几个人鼓掌外，没有一个人说话。

恺撒忙把皇冠扔在地上，安东尼又捡起皇冠，重新给他戴上，恺撒再次将皇冠丢在地上。人们看到恺撒再三拒绝戴上皇冠，欢呼着向他致敬。

尽管如此，这件事还是引起了元老院的恐慌。

他们认为，现在的恺撒，权力、威望、荣誉样样都有，缺的只有一顶皇冠，而这顶皇冠，他迟早会有。而如果

世界风云

有了皇帝，还要元老院干什么呢？

于是，元老们害怕了！他们拉拢恺撒的反对者，收买恺撒的亲信，准备"拯救共和国"，除掉恺撒。

公元前44年3月15日，恺撒照例一个人来到元老院开会。虽然有人之前告诉过他："小心，这一天有人要刺杀你。"

但恺撒仍然拒绝带卫队，他说："要卫队来保护，那是胆小鬼才干的事。"

他傲然走进元老院，从容地坐上他的黄金宝座，笑着说："今

恺撒，你的死期到了！

天不就是3月15日吗?"

元老们听了,笑着像朋友一样围到他身边。这时,一个叫卡西乌的元老突然抓住恺撒的紫袍,想要说什么。

恺撒不知道,这正是元老们的暗号。恺撒一把抓住他的手,喊道:"卡西乌,你要做什么?!"

话音未落,元老们一拥而上,拿出藏好的武器,你一刀我一剑地向恺撒砍去。

恺撒没有带武器,起身想逃,却因为流血太多,眼睛看不清,摔倒了。这时,他的义子布鲁图斯拿着剑冲上去,向他的大腿刺了一剑。

恺撒心痛欲裂,用尽全身力气喊出最后一句话:"啊,还有你吗?我的孩子?"

最后,恺撒绝望地放弃抵抗,任由这些人把自己刺死了。据事后统计,他的身上一共中了23刀,其中3刀是相当致命的。

恺撒死后,他的朋友——执政官安东尼沉痛地宣布了恺撒的遗嘱。谁也没有想到,恺撒竟然决定,将他的财产分给罗马市民,其中还包括刺杀他的布鲁图斯。

罗马人愤怒了,纷纷谴责布鲁图斯和元老们,要求将他们就地正法。布鲁图斯害怕极了,仓皇逃出了罗马。

自由广场

谁是罗马最高贵的人

我爱恺撒，但我更爱罗马。我不能容忍有人当皇帝，搞独裁，搞专制，破坏罗马共和国！谁也不行，我的义父也不行！

布鲁图斯

自由民甲

大家不要信他的鬼话！一个把遗产分给平民的人，会是一个独裁者吗？

就算搞独裁，也比忘恩负义好！恺撒生前对布鲁图斯那么好，布鲁图斯却忘恩负义，刺杀自己的义父，真是太没良心了。

某奴隶

某贵族

布鲁图斯不畏强权，为了坚持自己的理想，不惜背负杀死自己义父的罪名，将独裁者杀死，把自由还给人民！这是多么高尚的情操！

当初元老们承诺，会维护恺撒的安全。恺撒相信了他们，把护卫队解散了！现在那些人却把他谋杀了！这是毁约！赤裸裸的毁约！罗马人民不会原谅他们！

自由民乙

（注：恺撒死后，刺杀他的人，几乎没有一个活过三年。）

名人来了

特约嘉宾

恺撒
（简称"恺"）

越越
（简称"越"）

嘉宾简介：罗马终身独裁官，一个充满传奇色彩的英雄人物，一个极具人格魅力的人。虽然他没有称帝，但他的影响力，超过了大多数帝王。因此，人们把他视作罗马帝国的无冕之皇。

越：独裁官先生您好，我仔细翻了翻您的履历，您在37岁之前，都没有什么光辉业绩，这是怎么回事？

恺：（大笑）主要是我太贪玩了。

越：如果真是这样，克拉苏会借钱给您吗？听说他借给您的钱，可以养10万士兵一年了呢！

恺：有这么多吗？

越：是啊，您借这么多钱干嘛呢？

恺：买书啊、买衣服啊、交朋友啊、竞选啊、给女孩子们买礼物啊……唉，要花钱的地方太多了。

越：既然这么缺钱，当年怎么不投靠苏拉呢？

恺：哼，我恺撒从来不受任何人的摆布，国王也不行！

越：那您不怕他杀了你吗？

恺：怕啊！所以我逃走了啊！（笑）

越：（小声嘀咕）真不知道克拉苏看中了您什么？

恺：可能是看中我会花钱？（大笑）——玩笑玩笑。其实我自己也很郁闷。我的偶像亚历山大大帝在30岁的时候已经征服世界了，我在他那个年龄却还是一事无成。唉，惭愧！

越：那是，别说亚历山大了，就连庞培三十多岁都已经把海盗打得满地找牙了呢！

恺：哼，你是说我连庞培都不如吗？我年轻的时候，也跟海盗打过交道好吧？

越：噢，还有这事？

恺：嗯，有次出海的时候，我被一帮海盗绑架了。

越：……这可不是什么值得炫耀的经历。

恺：我要说的是，那群海盗把

名人来了

我绑架了，却只要20塔兰同赎金。哈哈，难道我看起来只值20塔兰同？

越：当然不，您值钱着呢。不然克拉苏会给您花那么多钱？

恺：所以我就跟他们建议，把赎金提高到50塔兰同。

越：这，我还是头一次听说人质主动加赎金的……

恺：唉，这些海盗无恶不作，他们知道我值钱，就不会轻易杀我了，而且还把我当朋友招待呢。

越：您不是一般（班）人，是二班的……那后来呢？

恺：后来他们收了赎金，就把我放了。临走前，我跟他们说，等我回去，一定把他们钉到十字架上去。

越：您这是开玩笑的吧？

恺：当然不是。我回去之后，立马就找人把这群海盗给抓了。不过，在把他们送上十字架前，看在他们曾经对我还算不错的份上，我先割破了他们的喉咙。

越：啊，这还是看在他们对您不错的份上？

恺：对啊，要是活生生地钉死在十字架上，才是最痛苦的！

越：哦，原来这还是一种比较仁慈的死法，领教了。那，作为罗马最有权力的人，您认为怎样的死法是最好的呢？

恺：是我的话，我宁愿暴毙而亡，没有痛苦，没有折磨。而且我死后，我要把我的双手放在棺材外面。

越：为何？

恺：我要告诉全世界的人，伟大的恺撒最后死的时候，也是两手空空。

越：既然您是这么想的，为何不把权力还给罗马人呢？

恺：我今天的一切都是靠罗马的公民选举上来的，我不想让罗马再次陷入混乱，这有错吗？好了，我还有很多事要做，今天的采访就到这吧。

越：那好吧，大帝保重。

广告贴吧

让我们征服不列颠群岛

士兵们,大海对面就是不列颠群岛(今天的英国)。你们只需拿起刀枪,乘上战船,不列颠群岛就会成为你们的。而你们,也将作为不列颠群岛的征服者,被罗马人永远铭记!跟我冲吧,士兵们!

高卢总督:恺撒

我的《高卢战记》

这些年我在高卢南征北战,打了不少胜仗,也为罗马挣得了很多荣誉。现在我将这些事情写成一本书,叫《高卢战记》。希望大家都去看一看,看我是如何为罗马的荣誉而战的!

恺撒

拯救亚历山大图书馆

亚历山大图书馆存有亚里士多德和柏拉图的手稿,还有一个房间里放的全是荷马的作品,如今却在一场大火中毁于一旦。我感到非常伤心,希望埃及人民群策群力,找回那些珍贵的文稿,拯救这座伟大的图书馆。

克里奥帕特拉

第 8 期

【公元前 44 年—公元 14 年】

奥古斯都

穿越必读

　　恺撒死后,他的养子屋大维继承了他的权力。屋大维比恺撒走得更远,不但当了罗马的终身独裁官,还做了罗马帝国的第一位皇帝。

顺风快讯

恺撒的继承人回来了
——来自罗马的加急快讯

（本报讯）恺撒死后,一个19岁的年轻人从外地赶了回来,自称是恺撒的继承人。他的名字叫屋大维。

屋大维是什么人?为什么会成为恺撒的继承人呢?

原来,屋大维的母亲是恺撒的外甥女。也就是说,恺撒是屋大维的舅公!恺撒在活着的时候,很喜欢屋大维这个小伙子,早几年就把他收为养子了。

根据恺撒的遗嘱,屋大维不但会成为他的继承人,还可以使用"恺撒"的称号。

这么说,屋大维是恺撒的合法继承人没错了。

不过,现在的罗马一片混乱,贵族们争相夺权,屋大维一个没有任何功绩的毛头小伙子,能顺利继承恺撒的事业吗?

本报将继续为您报道。

又来三只"老虎"

恺撒将屋大维立为继承人，有两个人很不高兴。一个是埃及艳后，一个是执政官安东尼。

埃及艳后带着儿子小恺撒失望地离开了罗马。

而安东尼曾经是恺撒的爱将，骁勇善战，建立了很多功勋。因此，他认为，恺撒死后，罗马应该由自己掌管。

面对匆匆赶回的屋大维，安东尼不屑一顾，笑着说："年轻人，钱，已经没有了，除了恺撒的名字，你还想继承什么？"

然而，尽管很多人像安东尼一样，对恺撒指定屋大维感到意外，但大部分人还是很愿意遵从恺撒的遗志，支持屋大维。因此，屋大维迅速地募集了一支军队，有了与安东尼抗衡的力量。

除了屋大维和安东尼外，骑兵长官雷必达也是罗马的一个重要人物。他和安东尼一样，曾经也是恺撒最信任的部下之一，很多拥护恺撒的人归附了他。

一开始，这三个人并不和睦。元老院就借机打击他们，排挤他们。为了对付元老院，公元前43年，三个人决定像他们的先辈一样，也组成一个"三头同盟"（史称"后三头同盟"）。之后，他们打着为恺撒报仇的旗号，处死了一大批共和派，还在马其顿逮住了布鲁图斯。布鲁图斯走投无路，只好自杀了。

从这以后，罗马的共和派基本上被消灭了。罗马再次成了三只"老虎"的天下。

世界风云

安东尼爱上了埃及艳后

打倒共和派后,三头同盟将罗马像分馅饼一样,分成了三块。西部分给了屋大维,南部分给了雷必达,最富饶的东部则分给了安东尼。

公元前42年,安东尼出任东部行省总督,准备攻打埃及。大家知道,埃及是埃及艳后克里奥帕特拉的地盘,这里有着数不尽的财富,富得流油。而安东尼早就想攻打东方的帕提亚王国,但由于没有军费,一直没能得逞。安东尼寻思,如果能攻下埃及,军费的问题不就解决了吗?

埃及艳后知道安东尼要来攻打她,一点也不着急。她把自己打扮得犹如仙子一般,乘着一艘豪华大船,邀请安东尼到船上共进午餐。

安东尼和恺撒一样,立马被她迷人的风姿、优雅的谈吐给迷住了,心甘情愿地拜倒在她的石榴裙下。不久,他们就在埃及宣布结婚,还生下了一对双胞胎。

世界风云

罗马人知道这个消息后,十分生气。因为安东尼在罗马已经有了一个妻子,这个妻子正是屋大维的姐姐。

屋大维更是气得咬牙切齿,对哭泣的姐姐说:"我一定为你讨回公道!"

不久,安东尼在帕提亚打了一个大胜仗。可他却不回罗马,反而在埃及举行了凯旋式;还把罗马的一部分土地作为礼物,送给克里奥帕特拉!这让罗马人更加生气。

与此同时,屋大维也在秘密地搜集安东尼叛离罗马的证据。

终于,他找到了!他在罗马神庙里找到了安东尼的遗嘱,上面写着:"我死后,请把我葬在埃及的首都亚历山大里亚。我的土地,全都由埃及女王克里奥帕特拉和她的儿子继承。"

屋大维将这份遗嘱公开后,罗马人彻底愤怒了——一个罗马人居然把罗马的土地送给埃及,这不是叛国吗?

元老院和公民大会当即宣布剥夺安东尼的一切权力,指责埃及人想侵占罗马的财产,向埃及宣战!

世界风云

女王之死

公元前31年9月，罗马舰队与埃及舰队在希腊的海面上展开了一场大决战。

然而，虽然安东尼已经是埃及人，但他从罗马带过去的将士们却不愿意和罗马人打仗，也不愿意接受埃及女王的调遣。战争还没开始，就有好几批人相继离开。而在战争最关键的时候，埃及女王也不知为何，突然带着自己的船队撤退了！

女王一跑，安东尼也无心再战，带了几艘船追了上去。可怜被丢在战场上的将士，由于没人指挥，很快就被屋大维消灭了。

第二年，屋大维打进了埃及的首都。安东尼提出要和屋大维单独决斗。

屋大维回答说："没必要，你想死的话，办法多得很！"

安东尼走投无路，只好拔剑自刎。

而女王被屋大维活捉，她又想用老办法，利用自己的美貌去迷惑屋大维。可屋大维不是恺撒和安东尼，他不吃她这一套，活捉她，不过是为了把她当作战利品，在凯旋式的时候，向罗马人展示。

女王知道后，无法接受这样的耻辱，于是让侍女们弄来一条毒蛇，把自己咬死了，结束了自己传奇的一生。

就这样，埃及被罗马占领了。

世界风云

神圣的奥古斯都

当屋大维回到罗马时,他已经和恺撒一样,成了罗马唯一的统治者。只要他一声令下,他就能像苏拉、恺撒那样,将所有罗马人踩在脚下。

然而,这个谦虚、谨慎的年轻人并没有这样做。

他把元老们叫到一起,说:"因为内战,大家赋予了我独裁的权力。现在内战结束了,我要把这些权力还给大家。"

元老们听了,都不敢相信自己的耳朵。当他们明白这一切是真的时,全场欢声雷动,有的甚至高兴得像个孩子一样手舞足蹈。

为了表示答谢,三天之后,元老院召开大会,一致同意授予36岁的屋大维"奥古斯都"的称号。在拉丁文中,"奥古斯都"是"神

世界风云

圣""庄严""伟大"的意思。拥有这个称号的人，拥有超越一般人的权力，而且任何法律都不能约束他。

也就是说，通过这个神圣的称号，屋大维的权力不但没变小，反而更大了。

这一次，屋大维没有提出任何异议，也没有推让。之后，屋大维又慢慢地接受了元首、大元帅、首席公民等多种头衔。其中，"元首"这个称号还是他自己发明的，意思是国家第一人，第一官员。

尽管元老院、公民大会还照样保留，元老、执政官和保民官等官员还照样选举，但屋大维却可以统率军队，可以制定法律，可以任命官员……几乎无所不能。

罗马把国王赶走了，却不知不觉地有了皇帝。这皇帝的权力可比国王大多了。罗马也不再是罗马共和国，而是悄悄地变成了罗马帝国。

而屋大维还是像往常一样，穿着粗布衣服，吃着简单的食物，住在简单的房间里。他的妻子打扮得也很简单，从来不珠光宝气。

每天早晨，他都会接见百姓，问他们有什么困难。有的人把困难写在纸上，却因为胆小，不敢递给他，他就笑着说："你这个样子，倒好像是在把一枚铜板交给大象。"于是人们就不再害怕他了。他还赦免了很多人，甚至包括他的敌人。

屋大维一生活了77岁，掌管罗马40多年。在这40多年里，罗马经济飞速发展，罗马人民也过上了富足的生活。

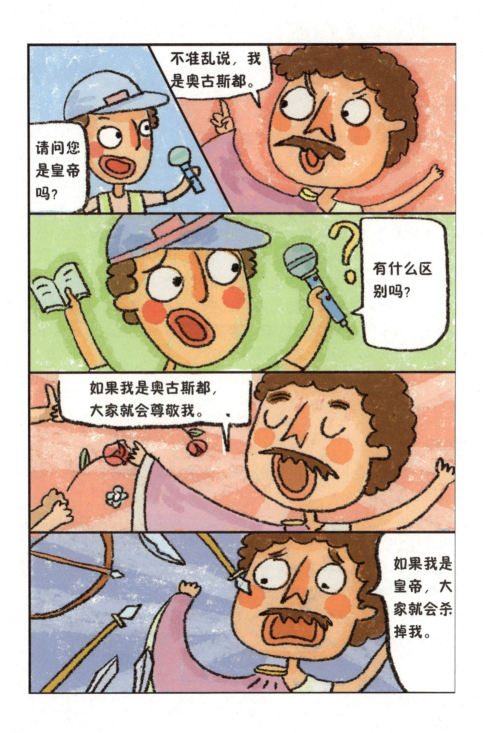

奇幻漂流

幸好他不是恺撒

编辑老师：

你好。我是奥古斯都的养子提比略。

最近我的心情比较郁闷。尽管我的父亲把权力还给了大家，但元老们对他却很不恭敬。

当他讲话的时候，这些元老总是打断他，说："讲的是什么？根本就听不懂。""如果你允许我发言的话，我要逐条地提出反对！""国家大事，应该由元老院讨论！"

父亲不擅争辩，听到这些话时，有时会受不了跑出去。

当年苏拉和恺撒在世的时候，这些人不敢说半句不是。轮到我父亲时，他们却如此放肆。而父亲不但没有处罚他们，也没有给他们降职。你说，他是不是太窝囊了？

提比略

提比略：

您好！看了您的信，我不得不说，您的父亲，实在是一个自制力非凡的男人。

我知道，您从小在奥古斯都家长大，对父亲怀有深厚的感情。但您有没有想过，您的父亲一贯精明强干，为何对这些人如此宽容呢？

不是您父亲没有权力，也不是他太窝囊。而是他知道，不当的言辞会带来危险，不管别人怎么对待他，他都不可以发怒，不可以与这些人为敌。否则，他们可能就会像对待恺撒那样，拿剑对着你们了！

您应该感到庆幸，幸好他不是恺撒。

编辑 穿穿

自由广场

宏伟的罗马城

奥古斯都一定很喜欢又高又大的东西，所以我们罗马城才会出现这么多宏伟的建筑。

市民甲

市民乙

要说罗马城最宏伟的建筑，一定是万神殿！万神殿是用来供奉众神的，高得都要冲到云霄里去了。雨滴从万神殿顶部的窗口飘进来，还没落到地面，就蒸发了。

还有罗马城新建的竞技场，我虽然没去过，但听人说里边一次可以坐两万多人，比以前的任何一个建筑都要大。啧啧，那得多大啊！

市民丙

市民丁

奥古斯都还在罗马城修建了很多大的公共浴场。我去过最大的浴场，里边可以容纳几千人呢。

罗马这种建筑太多了！就像奥古斯都自己说的那样，他接手了一个用砖砌的罗马城，而他交出的，却是一个用大理石打造的罗马城。感谢奥古斯都，我们的罗马一定会永远辉煌下去！

酒馆老板

智慧森林

世界是什么样子的

罗马人生活的世界里，有城市、郊区、山脉、河流、海洋……可是，整个世界到底是什么样子呢？许多罗马人都不知道。幸好，地理学家斯特拉波给了他们答案。

斯特拉波在他著名的作品《地理学》中告诉人们：人类居住的世界，就像海洋里的一个岛屿。最东边是印度，最西边是西班牙，最南边是麦罗埃，最北边是爱尔兰。

在这本书中，斯特拉波把每一个地区，如：罗马、西班牙、日耳曼、希腊等的位置、界线都标注出来。这样，就算不能走遍世界，人们也能知道人类生活的世界是什么样子啦。

除此以外，斯特拉波还研究了自然界的各种地貌和气象，如山川河流是怎样形成的，日月星辰是怎么运行的，为什么会出现雷电、风雪等，并把它们写进这本书里。

《地理学》中的内容不一定都是对的，但这对当时的罗马人来说，已经是很了不起的研究发现了。

这本书的写作风格极有特色，文笔精练，语言简洁，没有过多的修饰，记录也很真实。因此，自问世以后，一直被地理学界视作写作的范本。而斯特拉波也因此成了罗马最杰出的地理学家。

名人来了

特约嘉宾 提图斯·李维（简称"李"）

越越（简称"越"）

> 嘉宾简介：奥古斯都时代有名的历史学家。他花了四十多年时间，写了一部伟大的历史著作，叫《罗马史》。这本书从罗马建城开始写起，到公元前9年结束，跨越744年的历史，是罗马历史上最伟大的历史巨著。

越：先生，您好。最近有个坏消息，不知您听说没有？罗马被日耳曼人打败，全军覆没了！

李：唉，这么大的事，怎能不知？听说这次气得七十多岁的老皇帝大喊："瓦卢斯，还我军团！"

越：老皇帝这次还真是看错人了。这日耳曼行省公元前12年才成立，还不稳定，怎能派瓦卢斯去管？这人可是个大贪官！

李：不但够贪，也够蠢的。陛下给了他罗马最强大的军团，却连一群蛮族人都打不过，说出去多丢人啊。

越：不过，这事对于日耳曼人倒是好事，从此，他们就再也不受罗马人的统治啦！

李：嗯？小记者，你到底是站哪一边？我们罗马可是经此一劫，以后再也到不了莱茵河以北了！

越：这个……（赶紧转移话题）听说奥古斯都很欣赏您的才华，请您做过他曾外孙的老师？

李：嗯。不过，除了当老师外，我还有一个重要的使命，就是写一本关于罗马的历史书，叫《建城以来史》，简称《罗马史》。

越：哇，这可不是件容易的事呢！

李：其实我很早就想写了。但罗马前些年一直动荡不安，我怕写的内容万一不恰当，惹来麻烦就糟了。

越：那您什么时候开始动笔的呢？

李：奥古斯都上台后，知道我有写罗马史的想法，就鼓励我去写，有他这个后台，我才敢放心去写。

越：您都写了些什么内容呢？

李：从罗马建城的历史开始写起，一直写到现在。其中有

名人来了

罗马建国的曲折坎坷，也有罗马人取得的辉煌和荣耀。主要是想歌颂罗马人的光荣和伟大，赞扬罗马人的爱国情怀，描写罗马人各种有趣的风俗习惯。

越：哇，那它一定会很受罗马人欢迎的。

李：但愿如此。现在的罗马人只知道享乐，远不及过去的罗马人了。过去的罗马人，谦和、公正、高尚，现在这样的人一个都找不到了。唉！

越：这个，不见得吧？过去罗马人也有很多不光彩的事啊，比如侵略别人的国家、掠夺别人的财富、压榨别人的劳动成果……

李：这个嘛，弱肉强食，谁叫他们是我们罗马的手下败将呢！

越：那对于希腊这个手下败将，您怎么看？

李：希腊是一个伟大的民族。我们罗马的文化，说白了，是继承希腊文化发展起来的。尤其是哲学，与希腊哲学更是一脉相承。也就是说，希腊是我们文化的根。

越：那您写历史，去希腊寻根了吗？

李：没有。

越：为什么？

李：我想去，但没去成。我十几岁的时候，罗马发生内战，恺撒和庞培打得不可开交。二十几岁的时候，又碰上屋大维和安东尼火并。一直到三十岁，我都没机会出门。现在我年纪大了，就懒得去了。

越：啊！俗话说，读万卷书，行万里路。您没有亲身体验，怎么能写好《罗马史》呢？

李：不瞒你说，这正是本书最大的缺点。在撰写过程中，我大量参考了前人的历史著作，但由于没有深入地去研究，所以书中难免会出现大大小小的错误。

越：哦，那一定……

李：哎呀不好，我又想起一个错误！不行，我得走了。

交通部要成立了

　　为了给广大公民提供一个庞大而又便利的交通网，现决定成立交通部，全权负责相关道路及交通事宜。同时，还将创建一支常规警力军，用来维护罗马的稳定与和平。

罗马公民大会

招募士兵

　　为了保卫国家安全，我决定建立一支由28个军团组成的精锐军队，驻守罗马的各个行省。现向全国招募士兵。

　　要求：身强体壮，忠于罗马。注意：士兵的服役期限是20年，在服役期间，士兵一律不准成家，服役期满后，士兵将得到丰厚的退役金，甚至是土地。

屋大维

八月改为奥古斯都月

　　八月是一个伟大的月份，因为我们伟大的奥古斯都就是出生在八月。为了纪念他对罗马的卓越贡献，我们决定，从此以后将八月命名为奥古斯都月。

罗马公民大会

第 9 期

【54年—95年】

罗马最坏的皇帝

穿越必读

罗马帝国的第五个皇帝叫尼禄。他是一个有名的暴君,不仅杀死了自己的母亲、妻子、老师,疯狂镇压基督教徒,还有传言说他点了一把大火,几乎烧毁了整个罗马城。

顺风快讯

被钉上十字架的人
——来自犹太王国的加急快讯

（本报讯）你们还记得犹太人吧？犹太人的运气不太好，一直在不停换主人，波斯人、希腊人之后，又换成了罗马人，日子过得十分悲惨。

公元30年，犹太王国出现一个叫耶稣的人，此人除了传教布道外，还经常免费给受苦的人们看病。受苦的人们认为他是上帝的儿子，把他叫作"基督"（即救世主的意思），把他传的教称作"基督教"。

然而，有些人却对此十分不满，如果"四海之内皆兄弟"，那些穷人岂不是要和他们平起平坐？

这可不行！于是，他们买通了耶稣的门徒，给耶稣挂了个"造反"的罪名，向罗马驻犹太的总督告了一状。

"造反？这可不好！"罗马总督虽然知道事情的真相，但在他看来，杀掉耶稣要比处理这些犹太人的纠缠简单得多。

于是，罗马总督便派人把耶稣抓到耶路撒冷附近的一座小山上，钉死在十字架上。

（注：据说，耶稣死后第三天就复活了。为了纪念他，人们把这个日子当作"复活节"，把以他的名义建立的宗教称作"基督教"。）

来自犹太王国的加急快讯

"多管闲事"的基督徒

耶稣虽然死了,但是基督教却继续传播着,而且拥有了越来越多的信徒。没多久,基督徒们就来罗马传教了。

罗马是个多神的帝国,有各种各样、奇奇怪怪的神。于是罗马人对基督徒说:"我们的神比你们多。"

基督徒却说:"我们的上帝才是真神。你们的神都是骗人的,是虚假的。"

罗马人听了很不高兴,认为这些基督徒很讨人嫌。

罗马的有钱人很多,他们把工作交给奴隶,自己却踩着波斯地毯,穿着中国丝绸,戴着翡翠与珍珠,过着花天酒地的生活。

基督徒看见了,说:"你们应该把财富分给奴隶,否则,你们死后进不了天堂。"

富人们大吃大喝,基督徒说他们是浪费粮食;富人们喜欢看角斗士表演,基督徒说他们太残酷;富人们聚众娱乐,基督徒说他们太奢侈腐化。而基督徒自己,一个个穷得叮当响。罗马人不服气,觉得他们是嫉妒,是假清高。

更让罗马人恼火的是,基督徒们竟然认为,罗马的皇帝不是神,不朝拜!这下就真把罗马人惹火了!他们开始到处抓捕基督徒,要么处以绞刑,要么活活烧死……

然而,基督徒才不怕呢!他们捧着基督教的经典《圣经》,继续传教,还把这些牺牲的教徒称为殉道者,给予很高的荣誉。

世界风云

杀人魔王与文艺青年

都说屋大维死后,罗马就没有几个好皇帝。但要说哪一个最坏,那就是尼禄了。

尼禄是罗马帝国的第五个皇帝。本来这个皇位不是他的,但他的母亲阿格里皮娜很有手腕。

阿格里皮娜虽然长得貌美如花,却心如蛇蝎。她先是迷住了老皇帝克劳狄乌斯,当上了皇后,等老皇帝把尼禄收为养子,她就派人毒死了老皇帝,把尼禄扶上了皇位。

有这样一个母亲做榜样,尼禄当然也好不到哪去。因为母亲扶他当上皇帝后,把权力抓在自己手中,就像女皇一样。

得不到权力的尼禄很气恼,决定把母亲也除掉。

这一天,尼禄在海边举行了一场宴会,宴会结束后,他"贴心"地安排一艘船送母亲回家。

当天晚上,船在海面上裂开了。阿格里皮娜掉进海里,但没有被淹死。她拼命地游上岸,叫一个奴隶去给尼禄送信。

世界风云

尼禄收到口信后,却诬陷说这个奴隶是他母亲派来刺杀他的凶手,然后"名正言顺"地杀掉了母亲。

之后,尼禄又害死了自己的老师,还把妻子给活活地打死了。

不过,说也奇怪,这么一个没人性的人,却是一个文艺青年,不但喜欢画画、雕塑,还特别喜欢唱歌,请了罗马最好的歌手来教他。他认为自己唱得很好,就常常在剧场里公开演出。

当尼禄上台表演的时候,他就让人紧闭剧院大门,不许观众退场,还让士兵们监视观众的一举一动,不许走神,谁要是敢皱眉或者打呵欠、不鼓掌,就会被士兵抓起来,丢进监狱。

明知道观众都是被强迫的,但尼禄还是表演得非常投入,仿佛自己真的多么受欢迎一样。那场景真是特别滑稽。

尼禄不仅喜欢在罗马表演,还跑去希腊参加奥林匹克大会的歌唱大赛。希腊人让他拿了第一名,他高兴坏了,认为希腊人非常懂得欣赏他的才华。

尼禄像个小丑一样到处表演着,展示着自己并不出众的才华。就算大家都受不了,可也不敢说什么,唉,谁叫他是皇帝呢。

放心啦,我唱歌不要钱也不要命!

世界风云

可怕的火灾

这是公元64年，罗马城发生了一场可怕的火灾。熊熊大火燃烧了9天，全城14个区有10个区陷入一片火海中。街道、商店、房屋，都被烧得一干二净，整个罗马城几乎变成了一片焦土。

这场大火是怎么引起的呢？

有人说，放火的不是别人，正是罗马的皇帝尼禄。当罗马城陷入火海的时候，有人看到尼禄坐在皇宫的高台上，一面吟唱古老的希腊歌谣，一面兴致勃勃地欣赏罗马城被熊熊大火吞没的壮观景色。

火灾过后，尼禄迫不及待地修建起新的宫殿。他把皇宫建在罗马最繁华的地方，用成吨的黄金、宝石、珍珠、象牙来装饰它，还从很远的海里引进海水做喷泉。

罗马人很不满，更加坚信这场大火是尼禄放的。因为尼禄想建造新的宫殿，所以干脆一把火把罗马城烧了。

世界风云

尼禄听说人们怀疑是他放的火，非常气恼，决定找一个替罪羊。于是他告诉人们，火是基督徒放的，他一定会狠狠地惩罚他们。

于是尼禄抓了很多基督徒，给他们披上兽皮，扮成各种野兽，然后叫猎狗把他们活活咬死；或者把他们钉在柱子上，涂上厚厚的油脂，在夜晚点燃作蜡烛。而尼禄呢，就坐在一旁，一边喝酒，一边欣赏这种"人烛"。

尼禄的行为越来越不像话，人们再也忍受不了了，决定推翻他。高卢行省和西班牙行省的人发动起义，带兵杀向罗马皇宫。这时候，尼禄的近卫军也叛变了。元老院也宣布，尼禄是"罗马公敌"，谁都有权利杀掉他。

尼禄走投无路，带着几个奴隶逃到罗马城的荒郊，挖了个坑，准备自杀。他哆哆嗦嗦地举起匕首，却不敢动手，不停地哀叹："唉，一位多么伟大的艺术家要死了啊！"一个奴隶看不下去了，决定帮他一把，夺过匕首，替他本人结果了性命。

一代暴君尼禄，终于结束了他暴力和荒诞的一生。这一年他才31岁。

自由广场

谁来做罗马的皇帝

罗马最坏的皇帝死了,现在谁来做罗马的皇帝呀?

平民甲

平民乙

不是伽尔巴吗?他本来是西班牙行省的一个将军。尼禄死后,伽尔巴就做了罗马的皇帝,还得到了元老院的承认呢。

你消息太落伍了。伽尔巴早就死啦。他年纪大了,管理不了这么大的帝国,才当了几个月皇帝,就被奥托暗杀啦,现在的皇帝是奥托。

平民丙

平民丁

你的消息也不灵通呀。你没听说吗,奥托被维特里乌斯打败了,已经自杀啦。现在的皇帝是维特里乌斯。

什么呀。你们这些人的消息都太落伍了。维特里乌斯上个月已经被韦伯芗将军打败了。现在的皇帝是韦伯芗!

酒店老板

奇幻漂流

被掩埋的庞贝城

编辑老师：

　　你好，我是罗马城的一个贵族。我听说在罗马城的西南边，有一座庞贝城，那里面临大海，冬暖夏凉，风景宜人，而且它的繁荣和发达程度甚至可以跟罗马城相媲美，罗马城有的它都有。很多有钱人跑去那里度假。这是真的吗？如果是真的，我想去那里瞧一瞧，你觉得怎么样？

罗马贵族

罗马贵族：

　　您好。那些关于庞贝城的说法都是真的。它是意大利半岛上仅次于罗马的大城市。不过，我得告诉您一个不幸的消息，就在几天前，庞贝城因火山喷发，遭到了灭顶之灾。

　　庞贝城建立在维苏威火山上面，本来大家以为那是一座死火山，所以在上面建立了繁荣的城市，谁知道那竟然是座活火山，而且就在几天前喷发，将整个城市都吞没了。

　　现在，庞贝城已经被掩埋在几米深的火山灰底下，彻底消失了。这真是一件悲伤的事情啊！

编辑　穿穿

　　（注：一千多年后，考古学家挖出被火山灰包裹的尸体，才了解到火山喷发时的状况。）

智慧森林

伟大学者和《自然史》

尼禄统治的时代虽然非常黑暗，但却出了一位伟大的学者，他就是普林尼。

普林尼出生在一个奴隶主家庭，从小就非常喜欢读书。长大后，他做了官，经常公务缠身。即使这样，他每天也要抽时间读书。可以说，他几乎把所有空余的时间都用来读书和做笔记了。

在普林尼身边，随时都有拿着书和写字板的奴隶。外出的时候，普林尼几乎从不骑马，而是选择坐马车，因为这样方便看书。

普林尼还让人专门给他朗读各种书籍。有一次，朗读的人不小心读错了一个字。一旁的朋友立刻打断朗读的人，叫他重念。普林尼不满地说："你不是听懂了吗？干嘛还要他重念。你一打断，又使他少为我们念了十多行字。"

因为读书读得多，普林尼非常地博学。后来，他把自己的知识写成七本书，其中，《自然史》是最有名的一本。

《自然史》是一本讲什么的书呢？可以说，它什么都讲：天文，地理，农业，手工业，动植物，医药，交通，等等，是一本包罗万象的百科全书。

这本书文字朴素，内容充实，就像普林尼自己说的那样，它并不是为那些喜欢华丽辞藻的人写的，而是为从事农业生产和手工业的人而写的。

智慧森林

不过，这本书中也有错误。比如，书中说非洲有一个部落，那里的人没有脑袋，鼻子和嘴巴都长在胸部。这就奇怪了，人怎么可能没有脑袋呢？鼻子和嘴巴更不会长在别的地方呀。

书中还说，中国的丝本来是一种长在树上的绒，它被中国人采下来，经过漂洗、晾晒，就成了丝。

由此可见，普林尼一定没有去过非洲和中国。他只是从书中或别人那里了解到这些内容。

虽然《自然史》中有一些错误，但是，这并不能影响它是一本伟大的百科全书。

智慧森林

《圣经》的秘密

基督教的经典叫《圣经》。它记录了古犹太人的历史和先知的预言,是每个基督徒必读的经典之作。

那么,《圣经》是不是耶稣写的呢?其实在耶稣之前,就已经有《圣经》存在了。只不过那时候的《圣经》,只是现在的《圣经》的一小部分,叫作《旧约》。

《旧约》是犹太教的经典。据说,它由犹太先知摩西、大卫、所罗门等人写成,是一本充满智慧的百科全书。

基督教是从犹太教中产生出来的,基督教成立后,又写了一本属于自己的书,取名叫《新约》。那《新约》是不是耶稣写的呢?也不是,《新约》是由耶稣的门徒们写的。比如他的大弟子圣彼得,就写了其中的很多章节。

把《旧约》和《新约》合在一起,就成了《圣经》。直至今日,这本书仍是一本伟大的百科全书。

这可不是我写的啊!

耶稣先生,可以麻烦您帮我签个名吗?

名人来了

特约嘉宾 尼禄（简称"尼"）

越越（简称"越"）

> 嘉宾简介：尼禄，罗马的第五个皇帝，也是罗马最坏的一个皇帝。他嗜血残暴，为所欲为，甚至杀害了自己的妻子和母亲。可就是这么个残暴的人，却是个热爱艺术的文艺青年，这真是一件荒唐又可笑的事情。

越：陛下您好，听说您很喜欢唱歌。

尼：那当然，我认为唱歌是世界上最伟大的事，比做皇帝还要高尚。怎么样，我可是罗马最伟大的艺术家，要不要我唱一首罗马的民谣给你听？

越：（正要拒绝，尼禄已经开始唱了）

尼：咳咳，嚎——

越：啊啊啊，够了够了，真难……不，真动听啊。不过今天我不是来听您唱歌的，是来采访您的。

尼：你想知道什么？

越：大家都说您喜欢杀人，还给您取了个绰号，叫"嗜血的尼禄"。那您记不记得，您一共杀过多少人呢？

尼：这可太多了，数都数不过来。

越：印象最深的呢？

尼：（想了想）是我的两个妻子和母亲吧。

越：啊？您竟然杀了两个妻子？

尼：是啊，我的第一个妻子叫屋大维娅，是我继父跟前妻生的女儿。我们结婚的时候，她13岁，我15岁。但她安静得有点可怕，我不喜欢她。

越：那您也不用杀死她吧。

尼：你不知道她多么讨厌，还帮我母亲监视我呢。

越：还有其他原因吗？

尼：有，我爱上了另一个女人，她叫萨宾娜。

越：既然您爱萨宾娜，为什么后来又杀死了她呢？

尼：我没想杀死她，只是踢了她一脚，谁知道她就死了。

越：踢一脚就死了？一个人怎

名人来了

么会这么容易死掉？

尼：可能是因为她当时怀孕了吧。

越：天呐，您竟然踢怀孕的妻子！

尼：不可以吗？

越：天呐，您还有什么做不出来的？我很想知道，您杀了那么多亲人，有没有后悔过呢？

尼：（思考了一会）我做过几次噩梦，梦见了我死去的妻子和母亲。

越：说明您还是有点良心的。

尼：其实，这个世界上没有一个人是纯洁无瑕的。每个人都是罪恶的化身，只是他们不敢让人知道而已。他们费尽各种心思，把自己伪装成高尚的、有道德的人，其实都是假的。我最讨厌这种虚伪的人了！我反而喜欢那种坦率的、大大方方承认自己的罪恶的人。

越：啊，您这种理论，我还是第一次听说。

尼：我还有很多见解，可以跟你分享。

越：别，陛下，我想我可能生病了，我要回去了。

尼：我还想和你多聊聊呢。算了，明天再聊吧。

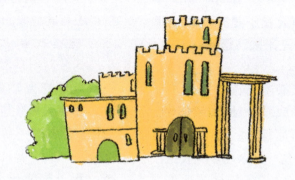

圆形大剧场终于竣工了

　　罗马最壮观的建筑——圆形大剧场要正式接待观众啦！本剧场共分4层，有80个出口，能容纳5万名观众，站在剧院最高处，可以看到整个罗马城的风景。更关键的是，可以把水引进表演区，这里不但可以看到陆战表演，还可以看到海战表演，是货真价实的海陆剧场。还等什么呢？赶紧去看看吧！

弗拉维圆形大剧场

 创办尼禄节

　　为了纪念我自己——罗马历史上最伟大的艺术家尼禄，我决定创办一个尼禄节。尼禄节每五年举行一次，到时候，欢迎罗马城所有的艺术家们跟我一起比赛唱歌、演讲，尽情地展示才艺。

尼禄

罗马的耻辱

　　暴君图密善终于死了，我们决定将他所有的雕像、碑文，以及建筑物上与他有关的痕迹全部销毁！所有与他有关的活动全部取消。他是罗马的耻辱，我们绝对不要纪念他！

罗马元老院

智者为王 第3关

1. 恺撒的偶像是谁？
2. 高卢是指今天的哪个国家？
3. 如果一个人成为罗马公敌，会受到什么待遇？
4. "跨过卢比孔河"是什么意思？
5. 恺撒有没有当皇帝？
6. 埃及艳后是怎么死的？
7. "后三头同盟"的成员是哪三位？
8. 罗马帝国的第一个皇帝是谁？
9. 奥古斯都月是哪个月？
10. 基督教是谁创建的？"基督"是什么意思？
11. 基督教的经典是什么书？由哪两部分组成？
12. 罗马最坏的皇帝是谁？
13. 中国的丝长在树上吗？
14. 普林尼最有名的一本书叫什么？

智者无敌 王者为大

第10期

【96年—283年】

好皇帝和坏儿子

穿越必读

在罗马帝国最繁荣的时期，出现了一个伟大的皇帝，不仅会治国，而且能打仗，还是个了不起的哲学家。但可惜的是，他却有一个坏儿子……

顺风快讯

新皇帝与老皇帝不是亲父子
—— 来自罗马皇宫的特别快讯

来自罗马皇宫的特别快讯

（本报讯）在一段短暂的混乱之后，罗马逐渐进入了有史以来最繁荣的一段时期。

这天，罗马皇宫传出一个消息：皇帝哈德良要收养比自己小十岁的安东尼（指安东尼·皮乌斯）为养子，但有个条件，那就是安东尼必须收养一个叫奥勒留的男孩！

这可真奇怪！收养就收养，为什么要附加一个条件呢？

原来，这时候的罗马，皇位不是按血缘来传承的，而是前一个皇帝觉得谁适合继承皇位，就把谁收为养子！

哈德良留意奥勒留好几年了。这个孩子从小喜欢研究学问，从小就有一副哲学家的派头，气质不凡。

哈德良很喜欢奥勒留，但考虑到他现在才十六岁，年纪实在是太小了，所以，就选了安东尼，希望他几年之后，将皇位传给奥勒留。

奥勒留会不会不负"养爷爷"厚望，成为一名好皇帝呢？让我们拭目以待。

世界风云

两个皇帝治国

安东尼去世后,果然把皇位留给了奥勒留。不过,除奥勒留外,接任皇位的还有一个人,叫维鲁斯,也是安东尼的养子。

两位皇帝共同执政,这在罗马历史上还是第一次!

这要是换成其他人,两个皇帝不打起来才怪呢。然而,奥勒留和维鲁斯却没有。他们不但没有打起来,还相处得很和谐。

不过,两位皇帝一上任,就遇上了一件非常棘手的事情。公元161年,东方的帕提亚帝国突然入侵罗马的叙利亚行省。

负责反击的是皇帝维鲁斯。维鲁斯是一个富有军事才能的统帅,他一出兵,帕提亚迅速溃败。维鲁斯一鼓作气,不仅将帕提亚人撵出叙利亚,还占领了他们的两个都城。

维鲁斯胜利地回到罗马,这本来是个好消息,然而,意想不

世界风云

到的事情发生了：维鲁斯从东方带回了瘟疫！

这种瘟疫谁都没有见过，不仅无法治疗，还传播极快，没过几个月，瘟疫就蔓延到了帝国的各个地方。可怕的瘟疫吞噬了罗马的很多人口，使原本富裕的罗马一下变得穷困起来。

在罗马最危难的时候，北方有个日耳曼部落，突然翻越阿尔卑斯山，打了过来。维鲁斯再次率军迎战，却不幸在营中病死了。

为了保护罗马的子民，奥勒留只好接替他，继续和日耳曼人打仗。幸好奥勒留也具有非凡的军事才能，没过多久，日耳曼人就投降了。

日耳曼人当时还穿着兽皮，吃着兽肉，到处侵略别人。不过，谁只要肯给他们钱，他们就愿意替他卖命。为了保护罗马的北方，奥勒留决定雇佣这些日耳曼人，给他们一笔钱，请他们做罗马的雇佣兵。

渐渐地，越来越多的日耳曼人成了罗马的雇佣兵。

嘻哈乐园

世界风云

哲学家皇帝

奥勒留的一生打了很多仗，不过你要是因此认为他是个战争狂，那就错了。事实上，他痛恨一切与战争有关的事情。他喜欢的不是打仗，而是哲学。

与其说奥勒留是位好皇帝，不如说他是个优秀的哲学家。即使在战争的闲暇中，奥勒留也总是在不停地思考，不停地记录。

他最崇拜的是一个叫芝诺的哲学家。芝诺认为，一个人想要过得快乐，不在于享受，而在于克制自己的欲望。比如吃饭和穿衣，有饭吃、有衣穿就应该感到满足，而不是一味地追求美味佳肴、绫罗绸缎。

奥勒留不但把这些话记录下来，还照着去做了。

所以，在罗马的宫殿中，人们经常可以看到这样一种景象：身为罗马的皇帝，奥勒留却只吃粗茶淡饭，穿最简朴的衣服，睡最简陋的床。他觉得这样就已经很满足了。

世界风云

他还希望罗马的子民和他一样，劝他们不要铺张浪费，但罗马人并没有听进去。

作为万人之上的皇帝，一般来说是没有朋友的。但善良敦厚的奥勒留却不同，他有很多知心的朋友。他和他们一起谈论宇宙、人生等深奥的哲学问题。

公元178年，57岁的奥勒留坐上战车，再次出征。朋友们赶来为他送行。他大约也知道自己时日不多了，一一和朋友们握手告别。

朋友们请求他留下自己的箴言。什么是箴言呢？就是一个人对自己的思想所作的记录。在朋友的要求下，奥勒留拿出自己记录多年的手稿。

虽然战争取得了胜利，但这位善良的皇帝却在军营里染上了瘟疫，不幸病逝了。

（注：后来，人们把他的手稿整理成册，就成了著名的哲学巨著《沉思录》。这本书被认为是哲学史上最伟大的著作之一，奥勒留也因此成为罗马历史上著名的哲学家皇帝。）

世界风云

虎父也有败家子

为了感念奥勒留的功德，罗马人决定，让他的儿子康茂德来当皇帝。不过很快他们就发现，这是一个多么愚蠢的决定。

人们常说，"虎父无犬子"。虽然奥勒留费尽苦心地教导孩子，但康茂德没有从父亲身上学到任何美德，甚至可以这样说，奥勒留有多好，他的儿子康茂德就有多坏！

奥勒留认为一个人要克制欲望，康茂德却认为人的一生太短暂了，应该及时行乐。他放任自己的欲望，不停地吃喝玩乐，甚至吃到最后都会吐出来。

有一次，他无缘无故就用刀砍死一个人，别人问他为什么这样做，他竟然说："我想享受杀人的乐趣。"

康茂德是个运动健将，体格健壮，神力过人。与做皇帝比起来，他更喜欢做一名角斗士。有一次，他让人放出一百头狮子，他投掷了一百根标枪，把场内奔跑的狮子全都射杀了。

可是，当面对敌人的时候，他却胆小如鼠，不但不敢打仗，还为了讨好日耳曼人，给他们送去了金银珠宝。

最后，罗马人实在对他忍无可忍了，在他31岁那年，将他谋杀了。

康茂德死后，罗马陷入内战，曾经的繁荣也一去不复返了。

自由广场

罗马帝国要完蛋了吗

现在农具越来越高级，什么犁啊、割谷机啊、排水机啊都有，奴隶们怎么都没兴趣用，还搞破坏？上个月我的庄园逃了80个奴隶，想再买几个，居然贵得要死，简直是岂有此理！

某庄园主

某贵族

唉，大家都这样！有什么办法呢？只能乐一天算一天了。有这闲工夫生气，还不如去泡泡澡，斗斗狮子，看看戏剧，再不抓紧，恐怕以后就没有这样的好时光了。国家为何一年给我们放123天假，不就是让我们玩的吗？

现在谁还愿意劳动啊！我算是看透了，想靠勤劳致富啊，门都没有！我是宁愿破产，宁愿去街上乞讨，也不想去累死累活地耕地了！

某自由民

某乞讨者

说起乞讨，上次我讨了块银币，高兴得不行，结果拿去一称，天呐，一块厚厚的银币里面居然只有5%的银，其余全掺了铁！连皇帝都这么搞，这个帝国已经烂透了！

奇幻漂流

请不要误信您的母亲

编辑老师：

　　你好，我是亚历山大·塞维鲁。没错，我和亚历山大同名，一直以来他都是我的偶像。但很多人说我性格懦弱，没有半点主见。其实我也没办法，谁叫我有一个强悍的母亲呢！她让我受了非常好的教育，却又不让我做任何决定。

　　近些年来，波斯人屡屡侵犯我边境，还扬言要把罗马赶出亚洲。现在（指公元231年）我正在和波斯打仗。我的计划是三路大军齐头并进，由我自己率领主力直接围攻波斯人的首都。现在已经有两路取得了胜利，就差我这最后一步了。

　　但母亲劝我不要轻举妄动，说没有必胜的把握，不要以身犯险。你说，我要不要撤兵呢？

罗马皇帝　亚历山大·塞维鲁

陛下：

　　您好。您说的波斯，是萨珊波斯帝国吧？这个帝国于公元226年才成立，虽然年轻，实力却很强大。尤其是他们的新国王阿尔达希尔，比当年的大流士三世还要厉害，最后一个帕提亚国王就是他射杀的。

　　不过，您的计划很不错啊。一旦战胜，说不定您能获得与您的偶像一样辉煌的业绩。但如果您误信您的母亲，错过赢得胜利的最佳时机，强行撤退，估计以后就没有谁愿意为您战斗了。

编辑　穿穿

　　（注：公元235年，亚历山大和他的母亲被叛乱的士兵杀害。而罗马和波斯的战争持续了四百年之久。）

智慧森林

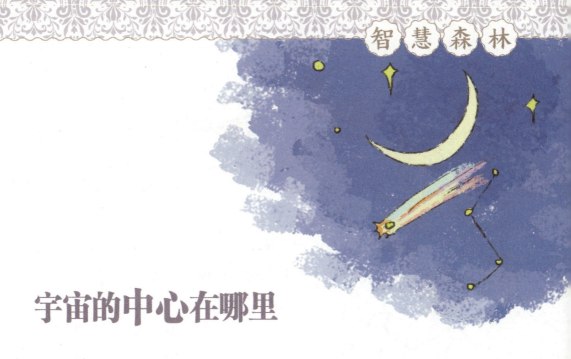

宇宙的中心在哪里

天和地到底是什么样子的？太阳、月亮、星星和我们生活的大地到底有什么关系？这是人类一直在思考的问题。

古希腊人曾经认为，大地是浮在水面上的一个圆盘，人们都生活在这个"圆盘"上。

后来，又一些古希腊人认为，大地是宇宙的中心，太阳、月亮和星星都绕着大地旋转，这就是有名的"地心说"。不过，也有人认为，太阳才是宇宙的中心，地球、月亮和星星都绕着太阳转，这就是"日心说"。

生活在罗马统治下的天文学家托勒密，就是"地心说"的有名代表。不过，他不认为大地是浮在水面上的圆盘。他认为大地是球形的。

为什么呢？因为当你站在海边，看到一艘帆船从远而近驶过来的时候，先

智慧森林

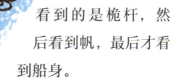

看到的是桅杆,然后看到帆,最后才看到船身。

还有发生月食的时候,大地东边的人在日落后很久才看到月食,而大地西边的人在日落不久后就看到了月食。同一次月食,发生的时间应该是一样的呀,可为什么东边和西边的人看到的时间不一样呢?除非东边的日落比较早,而西边的日落比较晚。

这些现象都说明,大地不是平的,而是一个球形。

托勒密还认为,地球是宇宙的中心,是静止不动的。在地球之外,还有很多的恒星和行星,它们都绕着地球旋转,就像太阳、月亮和星星一样。

托勒密还写了一本书,叫《天文学大成》。他把自己的发现都写进了这本书里。后来,这本书流传到世界各地,"地心说"的观点也越来越流行。

爱泡澡的罗马人

去过罗马的人都知道，罗马的澡堂遍地开花。因为罗马人有个特别的癖好，那就是泡澡。在罗马人眼里，泡澡和吃饭、睡觉一样重要，一天至少有一半的时间泡在浴场里面。

因此，他们建立了很多公共浴场，走到哪里，就把浴场建到哪里。这样，罗马人只需花很少的钱，甚至不用花一分钱，就可以去泡个舒舒服服的热水澡。

目前罗马城最大的公共浴场，叫卡拉卡拉浴场，是一个绰号叫卡拉卡拉的皇帝兴建的。这座浴场非常宏大，差不多有一个小城镇那么大，可同时容纳2000人洗澡。

卡拉卡拉浴场十分豪华，四面的窗子又宽大又敞亮，阳光暖暖地照进来，舒服极了。浴场的地面和墙壁用彩色的大理石铺嵌而成。浴场的每个转弯处，都立有一尊精美的雕像，特别讲究。

在这么讲究的浴场里，泡澡当然也不能马虎了。完整的罗马浴，是先去蒸汽房里进行蒸汽浴，然后进入暖浴室，让毛孔打开，清除身上的污垢；接着进入冷浴室，让皮肤冷却，毛孔收缩；最后跳入游泳池游一游，有钱人如果不尽兴，还要薰薰香、按按摩。

最让人大开眼界的是，除了泡澡外，人们还可以在浴场里面吃饭、打球、散步、做买卖，那场面呀，别提有多热闹了！

现在，你明白为什么罗马人一天有一半的时间泡在里面了吧？

名人来了

特约嘉宾 卢奇安（简称"卢"）

越越（简称"越"）

嘉宾简介：古希腊著名的讽刺作家。他出生在罗马帝国统治下的叙利亚。他在世的时候，正是罗马最繁荣、最强盛的时期。不过，当别人都说罗马帝国好的时候，他却有着不同的看法。

越：卢奇安先生您好，能生活在罗马最繁荣的时代，您真是幸运！

卢：我不这么认为。

越：为什么？

卢：繁荣只是表象，腐朽才是本质。

越：为什么这么说呢？

卢：现在的罗马，看起来很强大，其实内部已经有很多矛盾了。比如，穷人和富人之间的差距越来越大，社会风气也越来越差。

越：可是，现在的皇帝（指奥勒留）可是位好皇帝。

卢：皇帝是很不错，勤勉朴素，温厚善良。可是，他的温厚，他的善良，只有贵族才能看到，老百姓一点都享受不到。

越：我还真以为现在的罗马是一片盛世呢！

卢：是盛世没错，但那只是一部分人的盛世，是贵族的盛世，是文化的盛世，却不是底层人民的盛世。

越：我建议您写一些文章，揭露这种不公！

卢：谢谢，我已经写了很多批判社会的文章了。

越：那您不怕被抓起来吗？

卢：哈哈，这个问题我早想到了。所以我写得比较含蓄。一般会通过与神的对话、与死者对话来揭露社会的丑恶现象。

越：怎么写的？

卢：举个例子，比如说揭露一个贪官，我就写——神会义正词严地说："那是个贪官！"

越：哈哈，这样他们就追究不

名人来了

到您了吗？

卢：嗯，因为那是神说的，不是我说的。

越：您真聪明。对了，您信神吗？

卢：人人都信，但我不信！每个民族都喜欢创造各种各样本不存在的神，编造许许多多神话故事。可要真的有神，那怎么会出现坏人横行千里、好人曝尸荒野的事情呢？

越：如果没有神，那宇宙是哪里来的？

卢：宇宙不是神创造的，而是客观存在的。我认为，世界上所有的生物，假如有灵魂的话，都离不开肉体；离开了肉体，灵魂就不可能存在。

越：那您一定也不信基督教咯。

卢：不信，什么"只要忍受苦难，就能获得永生""所有人都是兄弟姐妹，应该共享财富，共渡难关"……不过是一些居心不良的人用来糊弄大家的。

越：唉，受苦的人们只能靠这些慰藉自己了。

卢：（沉默）

越：卢奇安先生，您在想什么？

卢：我不喜欢现在的社会，要是有一个自由、平等、公正的社会就好了。

越：我相信您的愿望会实现的。不过，可能要等很多年。

卢：希望如此。

越：一定会的！好啦，时间不早了，我要回报社了，卢奇安先生再见。

卢：再见。

广告贴吧

 大秦在哪里

我叫甘英，是东方大汉王朝的使臣，奉命出使大秦（即罗马），以打通大汉与大秦之间的丝绸之路。现在我已经到达地中海东岸，听帕提亚人说海里有妖怪，不能行走。谁能告诉我大秦在哪里？

甘英

（注：其实那是帕提亚人骗甘英的，他们担心大汉与罗马建交，会影响帕提亚的发展。）

一桩憾事

我亲爱的朋友——叙利亚总督卡修斯因为造反，被手下的士兵杀害了。对此我感到非常痛心和遗憾。我真希望他还活着，这样我们就可以化干戈为玉帛，可现在一切都晚了。唉！

奥勒留

皇帝敕令

为增加罗马帝国公民人数，帝国内所有人民都可获得罗马公民权，不论元老院或解放奴隶及角斗士等皆可享受一般公民权。

卡拉卡拉

第 11 期

〖284 年—395 年〗

两个罗马

穿越必读

　　罗马帝国的版图十分辽阔，可帝国却在不断的内战中一天天衰败。终于，统治者再也无法管理好这么大一个国家了，于是把它分割成两个国家，一个叫西罗马，一个叫东罗马。

顺风快讯

被释奴隶的儿子当皇帝
——来自尼科米底亚的加密快讯

来自尼科米底亚的加密快讯

（本报讯）公元284年，我们得到一个消息：又一个罗马皇帝被暗杀了！

被暗杀的皇帝叫努美里安努斯，原本率领军队刚刚打败波斯，正准备回国，谁知道半路上生病了，躺在马车里一动也不能动。这可把大家急坏了，快马加鞭地往回赶。

不久，有人闻到车上散发出一股腐臭味儿！

车上怎么会有腐臭味儿，难道死人了吗？果然，有人尖叫起来："皇帝死了，皇帝死了！"

这时，卫队长戴克里先冲出来，用剑指着禁卫军长官阿培尔，生气地说："一定是你杀死了皇帝！"

原来，阿培尔早就想当皇帝了，趁这次外出，他偷偷杀害了皇帝，结果被戴克里先发现了。

戴克里先揭穿阿培尔的阴谋后，亲手把他杀了。在场的人欣赏他的勇气，当场推选他为罗马的新皇帝。

据知情人士透露，戴克里先并不是什么贵族出身，而是一个被释奴隶的儿子。从一个被释奴隶的儿子，到皇帝身边的卫队长，又一跃成了罗马皇帝，他的运气可真是相当的好哇！

世界风云

一个帝国，四个皇帝

在戴克里先当皇帝之前，罗马帝国内战不断，短短十几年里，就有二十多个人当皇帝，而且很少有活过一年的，乱得不行。

戴克里先当上皇帝后，很快就把罗马重新统一起来，因此大家都非常拥戴他，称他是"朱庇特之子"（意思是万神之神的儿子）！

戴克里先也毫不客气地接受了，并且把之前的"元首"称号，改成了"皇帝"。

随后，戴克里先做了一个令所有人意想不到的决定：他在地图上画了一道线，把罗马分成两半，让自己的好友和他一起当皇帝，一人管一边。

哎，别的皇帝都嫌自己的领土不够，一有机会就抢地盘，他却嫌土地太大了不好管！

更有意思的是，有两个皇帝，他还嫌不够，又选了两个助手当副皇帝。正皇帝一退位，就由副皇帝接任，这样，不仅副皇帝有了足够的经验治理国家，而且也不会再发生争夺皇位的事了。

一个帝国，竟然同时出现四个皇帝，这可真是一种前所未有的奇观呀！

不过，虽然皇帝的权力减少了，但戴克里先的权威可一点也没减少。他建造了一座豪华的皇宫，上朝的时候，就像东方的皇帝那样，头戴皇冠，身穿皇袍，脚蹬镶满宝石的靴子，高高在上，

世界风云

接受臣民的跪拜。

尽管多了好几个皇帝,戴克里先依然拥有罗马帝国的最高权力。国家的所有重大决策,都由他说了算。他还提出,让两个正皇帝收副皇帝为继子和女婿,这样,就能保证帝国的统一。

不过,也有人怀疑这种奇怪的"四帝共治"制度是真的好吗?也许它能在短时间内,帮助罗马帝国恢复往日的繁荣,然而时间长了,帝国难免会有分裂的危险。

唯一的皇帝

戴克里先年纪大了以后，以为帝国已经安定下来，就劝说好友和自己一起退了位，回家种卷心菜去了。

结果他老人家一退位，罗马又变得乱糟糟了。

公元306年，西边的正皇帝君士坦丁一世战死了，他的儿子君士坦丁就做了皇帝。这下子，很多人不干了。各地的头儿纷纷站出来，这个称王，那个称帝。

君士坦丁也不甘示弱，采用分化瓦解的方法，一个一个地去降服他们，很快就统一了罗马西方，成为西边唯一的皇帝。

但君士坦丁并不满足，因为他的目标是整个罗马！这时候，罗马东边还有两个皇帝，李锡尼和达扎。怎么办呢？

君士坦丁又采用老办法，跑去告诉李锡尼："我们一起打败达扎，然后东罗马归你！"

李锡尼听了乐开了花，立即和君士坦丁结盟，还娶了君士坦丁的妹妹为妻。两人联手，不到一年就打败了达扎。

李锡尼特高兴，以为从此以后就坐稳了东方的宝座。没想到才过一年，君士坦丁就率兵把他包围了。

李锡尼无处可逃，让自己的妻子，也就是君士坦丁的妹妹去说情。君士坦丁答应留他一条性命，但没过多久，就给他随便安了个罪名，杀掉了。从此，君士坦丁成了罗马帝国唯一的皇帝（即君士坦丁大帝）。

世界风云

基督徒的春天

基督教自从诞生以来，就一直不受罗马人的欢迎，许多罗马皇帝都迫害过基督徒。可君士坦丁跟他们不一样，他不但不讨厌基督徒，还很支持他们。

不过，起初他也不支持基督教。直到他在跟敌人打仗时，有一天晚上，梦见了一个十字架，十字架上写着一行字，意思是如果以十字架为标志，就一定能获得胜利。

于是，君士坦丁让人做了许多绣着十字架的旗帜，让战士们扛着出征，果真打了个大胜仗。

君士坦丁十分高兴，于是规定：从今以后，基督教是罗马帝国合法的宗教，基督徒拥有信仰基督教的自由，还将以前没收的教堂与财产都还给了基督徒。

从此，基督徒再也不用担心受到迫害了，也不用偷偷摸摸地在地下室里做礼拜。他们终于可以光明正大地走在罗马城里，对每一个人说，自己是一名光荣的基督徒！而且，罗马主教成了基督教徒们的精神领袖。

此后，信奉基督教的人也就越来越多了。照这样下去的话，以后所有的罗马人都会成为基督徒呢！

基督徒的春天终于到啦！

世界风云

两个罗马

君士坦丁统一罗马后，不想让皇权落入别人的手中，废除了戴克里先发明的四帝共治制度。

可这时候的罗马还很混乱，土地又辽阔，一个人管理起来非常困难，该怎么办呢？

君士坦丁想到一个好办法，他像切蛋糕一样，把罗马帝国分成几块，分别给他的子侄管理，而自己以太上皇自居，时不时地在全国各地巡视。

经过多年战乱，罗马城已经破败不堪，暮气沉沉，就连东方的很多小城市，都比它美丽。

君士坦丁对这样的罗马城很不喜欢。他四处巡视，最后在罗马的东方找到一个好地方。

这个地方叫拜占庭，虽然也是个古老而又破小的城市，战略位置却十分重要，不仅易守难攻，还

来来来，分蛋糕！

世界风云

说好一人一半的哦!

是欧洲与亚洲贸易来往的重要通道。

为了让人们喜欢上拜占庭,君士坦丁决定把拜占庭改造得跟罗马一样好。

他倾尽全国人力、财力,在拜占庭大搞建设,盖起一座座宫殿、教堂、浴池,还告诉所有人,只要来拜占庭居住,就可以免费领取日用品、粮食,甚至土地。

就这样,拜占庭作为罗马的新都城,很快发展起来,甚至比当初的罗马城还要壮观宏伟!人们把它称作是"新罗马"(后来,人们为了纪念君士坦丁,把它叫作"君士坦丁堡")。

然而,君士坦丁死后,他的几个子侄就为了争夺皇位打了起来,这一打就是几十年。

打来打去,罗马落到了一个叫狄奥多西的将领手中。

狄奥多西临死前,担心两个儿子再打起来,就干脆把罗马分成两半,两个儿子一人一半。

就这样,曾经辉煌一时的罗马帝国,正式分裂成两个国家。东边的以君士坦丁堡为首都,叫东罗马帝国;西边的以罗马城为都城,叫西罗马帝国。

嘻哈乐园

自由广场

罗马为什么分裂

唉，老皇帝真是聪明一世糊涂一时啊，怎么能把帝国分成两份呢？

某罗马贵族

某哲学家

狄奥多西也是没办法，这个帝国实在是太大了，一个政府根本管不过来。要不然，戴克里先怎么会提出"四帝共治"的主意呢。

是啊，自从奥勒留死后，罗马就一天不如一天了。虽然版图还跟以前一样大，可是政府越来越穷，军队战斗力越来越差，无法维持这么大一个帝国，只好分成两个啦。

某政治家

某平民

好好的一个罗马帝国，怎么就变成两个了？真让人想不通。这一个能分成两个，两个也能分成四个，四个也能分成八个，这样分下去，以后还会是罗马"大"帝国吗？

不管怎么说，统一了几百年的帝国突然分裂，还是让人觉得有些遗憾！但愿东罗马和西罗马永远是好兄弟，相互帮助，而不是相互攻伐。

某思想家

奇幻漂流

西罗马和东罗马谁更有前途

编辑老师：

你好。我是西罗马的一个普通公民，最近我和我的伙伴们一直在讨论一个问题——

西罗马帝国和东罗马帝国，到底哪一个更有前途？

我的伙伴们一致看好西罗马，因为西罗马是我们从小长大的地方，历史悠久，我们对这里感情也很深厚。

可我觉得，西罗马已经破败不堪，经济也十分萧条，跟个七老八十的老头子没什么两样。相比之下，东罗马更新、更强，像个十七八岁的小伙子，更有发展前途。穿穿老师，你认为呢？

西罗马公民　索姆

亲爱的索姆：

您好。我跟您的观点是一样的，我更看好东罗马。

首先，从经济上讲，东罗马比西罗马更加富裕，经济也更加发达，尤其是拜占庭，连接欧洲和亚洲，是一个做贸易的好地方。

其次，从军事上讲，东罗马背山靠海，易守难攻，比西罗马更加安全。而西罗马除了阿尔卑斯山，没有别的天险，一旦被攻破，就有灭亡的危险。

还有，现在西罗马有太多蛮族的雇佣兵和将领。他们只忠于金钱，并不忠于罗马。一旦有更大的利益驱使，他们一定会毫不犹豫地背叛罗马。

编辑　穿穿

名人来了

特约嘉宾

朱利安
（简称"朱"）

越越
（简称"越"）

> 嘉宾简介：君士坦丁的侄子，罗马帝国最后一个信仰多神教的皇帝。他热爱学问，积极进取，并对罗马进行了许多改革。可惜他只统治了罗马一年零八个月，就在远征波斯的途中不幸身亡，是个典型的短命皇帝。

越：陛下您好，有个问题我一直想问您，当年您的堂哥怕有人跟他争皇位，杀了所有亲戚，为什么单独留下您呢？

朱：因为我小啊。那会儿我还不懂事呢，对他没什么威胁。再说了，如果我也死了，君士坦丁家族就只剩他一人了，万一遇到点儿事，谁来帮他呢？

越：说得也是。

朱：不过他对我也不是完全放心，把我远远地送到尼西亚（即今天的小亚细亚）去学习，不准我接近罗马中心。后来我长大了，他又没有儿子，这才派我去管理高卢。

越：高卢怎么样？您在那里还习惯吗？

朱：高卢乱得很。日耳曼人老喜欢在那里惹事。我跟他们打了很多仗，最后总算平定了叛乱。

越：这是好事啊！您那堂哥皇帝一定很高兴吧？

朱：高兴什么啊！这不打胜仗还好，越打胜仗，他就越讨厌你。

越：啊，这是为什么啊？

朱：小记者，这你就不懂了吧？一个人可以很厉害，但不能比你的上级厉害，至少不能表现得比他厉害，要不然，嘿嘿，准叫你吃不了兜着走！

越：您的意思是，他怕您实力太强大，威胁到他的皇位？

朱：哈哈，你说呢？

越：那您假装没他厉害不就成了？

朱：唉，别的事还成，打仗就不行了。要是打仗输了，证明你没能力，照样要掉脑袋。相比之下，还是打胜仗保险一点，至少不会

名人来了

越：马上掉脑袋，哈哈！
越：您怎么老担心掉脑袋？他做了什么让您有这感觉？
朱：他要调走我的精锐部队。
越：这可不好。部队是一个将军的生命。
朱：是啊，而且我的军队大多是本地人，不想离开故乡。再说了，他们也明白，只要他们一走，皇帝就会杀了我。所以他们不但没有离开我，还干脆拥戴我做了新的皇帝。
越：哎，现在皇帝可是高危职业，寿命都比较短啊！
朱：我也是被逼的。我不当皇帝，别人就会要我的命。
越：不过，能当皇帝也是件喜事，还是要恭喜您。——对了，您对基督教怎么看？
朱：基督教？不感冒！
越：嗯？我听说您很小的时候就加入了基督教啊，怎么会不喜欢呢？
朱：那是我堂哥派来给我洗脑的，企图在精神上控制我，我才不上他的当呢！
越：哦，看来您很不喜欢基督教喽？

朱：不喜欢！这世间有这么多神奇的事物，怎么可能只有一个神灵？我是一个虔诚的多神教教徒。对了，我还写了一些赞美这些神灵的诗歌呢。
越：真的？我可以拜读一下吗？
朱：当然可以。（拿出两本书，一本《太阳神的赞诗》，一本《大地母神的赞诗》）小记者看看，帮我斧正一下。
越：（翻了一下）您这样，不怕得罪基督徒们吗？
朱：我堂堂一个皇帝，还怕他们？
越：嗯嗯，走自己的路，让别人去说吧。好啦，天色不早了，陛下您休息吧，我们下次再聊。
朱：再见。

（注：后来，朱利安征讨波斯时，被一根标枪刺死。据说这根标枪来自罗马军队，很可能是信奉基督教的士兵干的。）

广告贴吧

退位通知

我年纪大了，干不动罗马皇帝这份工作了，所以我决定退位，把皇位传给我的副手加列里阿。退位后，我会离开皇宫，搬到郊区去住。我会在那里种一些蔬菜、果树，享受清净悠闲的农夫生活，请大家不要来打扰我。

戴克里先

官员的抗议

自从君士坦丁大帝将基督教合法化后，基督徒的地位就越来越高了。如今一眼望去，政府的大部分官员都换成了基督徒。像我们这些不信基督教的官员，反而受到了歧视，这对我们来说是很不公平的。希望政府能关注一下这个问题，给我们一个满意的说法。

某匿名官员

福利来啦

尊敬的罗马市民们，从今天起，罗马的节日从123天，增加到175天！也就是说，我们一年会有一半的时间用来观看各种各样的"嘉年华"！请大家尽情地狂欢吧！

罗马帝国假日办

第12期

【395年—476年】

上帝之鞭

穿越必读

　　罗马帝国突然来了一群外族人，他们能征善战，把罗马人打得狼狈不堪。这群人不是日耳曼人，而是比日耳曼人还要凶猛的匈奴人。他们来自哪里呢？

顺风快讯

被蛮族人赶来的蛮族人
——来自罗马的加急快讯

来自罗马的加急快讯

（本报讯）这些年来，大批的日耳曼人涌进罗马帝国，把罗马帝国搅得一团糟。

大家都知道，日耳曼人住在罗马帝国的北方，是罗马人几百年的敌人。恺撒和他们打过，奥勒留和他们打过，君士坦丁也和他们打过，每次一打就走，不打就来，让罗马人头痛不已。

不过，几百年来，日耳曼人都是骚扰居多，很少发动大规模攻击，像这样一股脑地涌进罗马帝国，还是第一次！

这是怎么回事呢？我们经过调查发现：他们不是自己情愿来的，而是被别人赶来的！

从来都是日耳曼人欺负别人，还没听说有谁可以欺负日耳曼人呢！看来把他们赶过来的，一定是比他们还要厉害的蛮族人！

那他们是什么人呢？

据日耳曼人说，这群蛮族人从北方来，长着黄皮肤，黑眼睛，塌鼻子，打起仗来十分勇猛！

黄皮肤？黑眼睛？那不是黄种人吗？听到这里，我们吃了一惊。不知道这群黄种人究竟是哪国人，我们决定去探个究竟。

绝密档案

逃跑还是征服

中国历史上,曾经有一个游牧民族,住在漠北的大草原上。他们人人会骑马,会打仗,来去如风,没事就"噔噔噔"地去边境抢一通,令中国人头痛不已。

就像罗马人和日耳曼人一样,中国人和他们也打了几百年的架。最终他们被中国人打败了,无处可去,只好西逃。他们跨过新疆,越过中亚,最后来到欧洲。

没错,日耳曼人眼中"可怕的蛮族人",就是被中国人赶跑的匈奴人!

按道理说,西迁是一件很不光彩的事,匈奴人应该收敛一点才对。但他们才不这样想,因为,在他们看来,这不是逃跑,而是新的征服!

他们一路逃,一路杀,不但征服了欧洲许多民族,还把日耳曼人赶到了罗马帝国。

日耳曼人本来是蛮族人,但匈奴人比他们更原始。他们甚至吃生肉、吃草根,而且很少用调料。

打仗的时候,他们也没有整整齐齐的队形,离得远了,他们就射箭;跑到跟前了,他们就拿着刀剑,拼命砍杀。

日耳曼人被他们打怕了,想离他们越远越好,这才来到罗马帝国。

奇幻漂流

惊！西哥特人攻入罗马

编辑老师：

　　你好！当年我们西哥特人（日耳曼人的一支）逃到罗马避难。罗马人答应保护我们，要求我们给他们当兵打仗。我们老老实实地履行了我们的义务，罗马人却没有兑现自己的诺言，还把我们当作奴隶欺压。一个西哥特女孩的价格，竟然和一只狗差不多！实在是欺人太甚！

　　前不久我们跟他们打了一场大仗。没想到他们那么不经打，就连皇帝也被我们砍死了！看来罗马并非是不可战胜的！

　　现在，大家强烈要求攻打罗马本部——意大利半岛，把皇帝老儿拉下马来。你觉得我们可以拿下吗？

想灭掉罗马的西哥特人

这位西哥特人：

　　您知道吗？你们打败罗马的时候，整个欧洲都震动了！不过，这个结局在我意料之中了。

　　这些年来，因为有你们为罗马出力打仗，罗马的有钱人只知享乐，不思进取。穷人被压榨得一贫如洗，生不如死，恨不得罗马早日灭亡，把你们当作是上天派来拯救他们的人。

　　要是罗马人再不改变，相信罗马也存活不了多久了。不过，罗马城是个古老而又美好的城市，如果你们得到它，一定要保护好它啊！

编辑　穿穿

　　（注：西哥特人攻入罗马城后，在城里抢劫三天三夜。后于公元419年，在西班牙建立日耳曼人的第一个王国——西哥特王国。而罗马城经过这次浩劫后，变得面目全非。）

世界风云

可怕的上帝之鞭

再说匈奴人,自从他们来到欧洲后,很多王国和部落向他们表示臣服。

公元434年,匈奴帝国换了个新国王。新国王叫阿提拉,个子不高,皮肤黝黑,鼻子扁平,胡须稀疏,一双小眼睛放射着鹰一样的光芒。

阿提拉一上台,就开始了凶残的侵略和扩张。在他的带领下,匈奴人的铁蹄席卷了大半个欧洲。他们每攻下一座城市,就会把那里洗劫一空,还会把城中的居民全部杀光。很多城市都变成了空城,城中尸体的臭味好几年都消散不去。

渐渐地,一提起阿提拉的名字,每个欧洲人都会心惊胆战,人们觉得他是上帝派来折磨大家的魔鬼,是"上帝之鞭"。

公元447年,阿提拉向东罗马帝国发起挑战。虽然阿提拉的骑兵天下无敌,但对着君士坦丁堡那高高的城墙,也只能望洋兴叹。于是他们把君士坦丁堡围得死死的,连只苍蝇都飞不进去。

相持很久之后,东罗马皇帝熬不住了,只好割地求和,还答应每年给他送去大量的贡品。阿提拉拿了土地和钱财,心满意足地走了。

那么,阿提拉就这么放过罗马了吗?

——唉,如果是,那他就不是"上帝之鞭"了!

阿提拉抢亲，教皇退兵

离开东罗马帝国，阿提拉又打起了西罗马帝国的主意。正在这时候，他收到了一封信。而写信的人竟然是西罗马皇帝的妹妹！

信中说，她因为抗议皇帝哥哥给她安排的婚事，被哥哥关了起来。如果阿提拉能够救她出来，她愿意以身相许。

阿提拉收到信，高兴得合不拢嘴，马上要求西罗马皇帝答应这门亲事，并交出一半的领土作为嫁妆！

西罗马皇帝听了气得不行，当场拒绝了这个无礼的要求！

这下可让阿提拉找到向西罗马出兵的理由了！公元451年，阿提拉纠集了50万大军，向西罗马发动攻击。

罗马人也不甘示弱，请来日耳曼人当帮手，由著名的统帅埃提乌斯将军指挥。

双方在一个叫沙隆的地方展开了一场大决战！

这场仗打得非常惨烈，才打了5个小时，双方就战死了16万人。罗马联军更是一个个杀红了双眼，拼死相战。因为如果这一战匈奴人赢了，那么整个欧洲都有可能落入匈奴人的手中！

阿提拉本想速战速决，见西罗马帝国人还有这样的战斗力，当即撤了兵。匈奴人一走，罗马人松了一口气，就把联军给解散了。

然而，到了第二年，阿提拉又来了。他带领20万大军，像战神汉尼拔一样，穿越阿尔卑斯山，神不知鬼不觉地，直接来到了罗马城下！

世界风云

这一次，日耳曼人再也不肯出手相助了。罗马人吓得手足无措，不知道该怎么办才好。

这时，教皇利奥一世自告奋勇地站出来，主动要求去和阿提拉谈判。他既没有穿盔甲，也没有带武器，一个人走进了阿提拉的军营。许多人都为他捏了一把汗！

然而，奇迹发生了！教皇和阿提拉说了几句话——没有人知道他们说了什么，阿提拉就带着军队离开了，再也没有回来。

没多久，阿提拉就死了。随着他的死亡，匈奴帝国也如同一盘散沙，慢慢消散不见了。

嘻哈乐园

自由广场

最后的罗马人

西罗马平民甲

哎,我真不明白,埃提乌斯为什么不在打败阿提拉的时候,乘胜追击呢?把这个心腹大患连根拔掉,不是更好吗?

西罗马某贵族

咱们罗马帝国的心腹大患不是匈奴人,是日耳曼人。要是阿提拉死了,匈奴帝国必定会乱成一锅粥,而日耳曼人没了匈奴的掣肘,会回过头来找罗马帝国的麻烦,对罗马反而不利。

东罗马某平民

嗯,我还听说,这埃提乌斯和阿提拉曾经是好朋友,他不希望将好友置于死地,所以放了他呢。

东罗马某奴隶

还有这事?那这不是奸细吗?要真是这样,以后出现事情,日耳曼人还会出手相救吗?那埃提乌斯岂不是罗马帝国的罪人?

西罗马某小兵

怎么能这么说我们的将军呢?如今罗马帝国只有他这么一个优秀的将领了。若不是他拼尽全力与敌人周旋,西罗马帝国能有这20多年的安定生活吗?如果连他都死了,那我们罗马就彻底完蛋了!

(注:埃提乌斯被称为"最后的罗马人"。)

西罗马灭亡

可怕的匈奴帝国倒下了,西罗马帝国也是奄奄一息,日耳曼人趁机涌入西罗马帝国,在境内建立了大大小小的王国。

这时候,西罗马帝国内部又出现了问题。西罗马有一个巨富,叫马克西穆斯,曾做过执政官,是个野心勃勃又爱搬弄是非的人。

他先是跑到皇帝跟前说:"陛下,这埃提乌斯手握兵权,却又心怀异心,如不趁早把他杀了,后患无穷啊!"

西罗马帝国皇帝是非不分,信以为真,就把埃提乌斯杀了。

埃提乌斯死后,马克西穆斯又跑到埃提乌斯的亲兵跟前,说:"将军立了这么多功,竟然枉死,你们要为他报仇啊!"

亲兵头脑发热,也信以为真,一怒之下,真把皇帝给杀了,还拥戴马克西穆斯做了西罗马帝国的皇帝。

马克西穆斯当了皇帝后,得意忘形,竟然逼前皇后嫁给他。皇后复仇心切,竟然向日耳曼人求援,让他们杀进了罗马城。

日耳曼人在罗马城大开杀戒,抢走了无数金银财宝。混乱中,马克西穆斯也被愤怒的罗马市民杀掉了。等日耳曼人走后,原本有上百万人口的罗马城,只剩下七千人。

在接下来的二十年里,西罗马的皇权完全被日耳曼人控制了。日耳曼人想立谁做皇帝就立谁做皇帝,想废掉谁就废掉谁。

终于,公元476年,日耳曼人废掉了西罗马帝国最后一个皇帝——13岁的罗慕洛·奥古斯都。西罗马帝国就此彻底灭亡。

名人来了

特约嘉宾
罗慕洛·奥古斯都
（简称"罗"）

越越
（简称"越"）

嘉宾简介： 西罗马帝国的最后一位皇帝。他的父亲是一位罗马将军，推翻了当时的皇帝，将12岁的小罗慕洛·奥古斯都送上皇位。可惜一年之后，小皇帝就被日耳曼人赶下台，成了亡国君。

越：小陛下您好，您的名字可真特别。我记得罗马城的创建人也叫罗慕洛，而奥古斯都是罗马帝国第一个皇帝的称号。您的父母给您取了这么伟大的名字，一定对您寄予了很大的期望。

罗：名字取得好有什么用，我的国家都灭亡了。（流泪）

越：唉，你是不是特别恨匈奴人？

罗：不，我最恨的是日耳曼人！当年他们来找罗马避难，皇帝见他们可怜，就收留了他们。谁知道却是引狼入室！而且是一群狼！

越：您说的是西哥特人吧？

罗：西哥特人是日耳曼人的一支。日耳曼人有很多部落。抢走我皇位的是西哥特人。他们到了罗马后，烧杀抢掠，无恶不作，真是十足的蛮横。

越：唉！

罗：还有汪达尔人。他们比哥特人还蛮横。进了罗马城，他们看到什么都要抢，带不走的，就毁掉，罗马人的好多艺术珍宝都被他们一把火给烧了！真是太坏了。（后来，人们就把那些喜欢搞破坏的人，叫作"汪达尔主义者"。）

越：那真是太可惜了！

罗：还有法兰克人（即后来的法国人）。他们是后来搬到高卢住的日耳曼人，也跟着其他日耳曼人一起欺负我们罗马。

越：这么多，没有了吧？

罗：还有两个部落，叫盎格鲁和撒克逊，他们把住在不

名人来了

列颠（即后来的英格兰）的罗马人赶走了，霸占了那块地方。

越：那您最讨厌哪个部落的日耳曼人？

罗：都讨厌，他们霸占了我们罗马帝国的地盘，在我们罗马帝国建立了那么多小王国不说，还把我们罗马帝国灭掉了，实在是太可恶了！

越：对了，这些日耳曼人有什么共同点吗？

罗：当然。他们都长得很高大，白皮肤，蓝眼睛，高鼻梁，头发是金黄色的。还有，他们力气很大，很蛮横，喜欢抢别人的东西。

越：看来您真的非常讨厌日耳曼人。

罗：如果一个人害得你家破人亡，你也会恨他吧？

越：那倒是，我理解您。不过，我觉得也不能完全将责任推给外人。

罗：怎么说？

越：据我所知，帝国都要死到临头了，皇帝和那些贵族们还在搜刮民脂民膏，逼人们交税，否则就要处死呢。

罗：唉，这个我也知道。那几年罗马帝国特别乱，到处都有人造反，搞得很多贵族都不敢出门。

越：所以，这才是问题的根本所在吧？

罗：唉，现在知道问题出在哪里有什么用呢？再怎么做，也改变不了西罗马帝国已经灭亡的事实（说着又哭了）。

越：唉，我不知道该怎么安慰您才好。那您先休息吧，我告辞了。小陛下再见。

广告贴吧

打仗去吧

所有战死沙场的人，天神沃登都会把你接到天堂享福。所以，日耳曼人，打仗去吧，那才是你们最好的选择！

日耳曼人的先知

用鲜血祭奠国王

国王去世，我们不应该哭哭啼啼，这不是一名伟大战士应有的哀悼！我们应该剪下自己的长发，刺伤自己的皮肤，用鲜血来祭奠他！

匈奴国

给俘虏们的通知

俘虏们，你们的好运来了。仁慈的国王说，与其杀死你们，不如让你们做一些有益的事情，如搬运军需、做饭、洗衣等。让我们一起谢谢我们伟大的王吧！

匈奴俘虏收押营

修改绘画令

我在罗马城的一个教堂看到一幅画，画着东、西罗马帝国皇帝高高在上，亚洲的国王们跪在地上，顶礼膜拜。这与事实严重不符！现命令画师立即改正，本大汗在上，东、西罗马帝国皇帝在下！

阿提拉

智者为王 第4关

1. 罗马有名的哲学家皇帝是谁？他写了本什么哲学著作？
2. 汉朝的使者到过罗马吗？
3. 地球是宇宙的中心吗？
4. 发明"四帝共治"制度的是哪个皇帝？
5. 第一个将基督教合法化的皇帝是谁？
6. 君士坦丁大帝把罗马的都城搬到了哪里？
7. 君士坦丁堡和拜占庭是同一座城市吗？
8. 罗马在谁的手中分成了两半？
9. 匈奴人是黄种人还是白种人？
10. 日耳曼人是黄种人还是白种人？
11. "汪达尔主义者"是什么意思？
12. "上帝之鞭"是欧洲人对谁的称号？
13. 西罗马帝国是哪一年灭亡的？
14. 日耳曼人建立的第一个王国是哪一个？建立在何处？
15. 日耳曼人中的法兰克人是现在的哪国人？

智者无敌 王者为大

智者为王答案

第❶关答案

1. 一匹母狼。
2. 萨宾部落。
3. 没有。
4. 一年。
5. 小塔克文国王。
6. 《十二铜表法》。
7. 指得不偿失的胜利。
8. 卡米卢斯；五次。
9. 腓尼基人。
10. 乌鸦。
11. 118 年。
12. 马其顿王国。
13. 阿尔卑斯山。
14. 阿基米德。
15. 大西庇阿。

第❷关答案

1. 没有。
2. 马略。
3. 马略。
4. 大格拉古。
5. 本都王国。
6. 不是，是无限期。
7. 是。
8. 斯巴达克。
9. 3 年。
10. 克拉苏。
11. 庞培、克拉苏和恺撒。
12. 庞培。
13. 三个月。
14. 希腊。
15. 帕提亚帝国（即安息帝国）。

智者为王答案

第❸关答案

1. 亚历山大。
2. 法国。
3. 每个罗马人都可以杀死他。
4. 形容无法回头,只能硬干到底了。
5. 没有。
6. 用一条毒蛇将自己咬死。
7. 屋大维、安东尼、雷必达。
8. 屋大维。
9. 八月。
10. 耶稣;救世主。
11. 《圣经》;《旧约》和《新约》。
12. 尼禄。
13. 不是。
14. 《自然史》。

第❹关答案

1. 奥勒留;《沉思录》。
2. 没有。
3. 不是。
4. 戴克里先。
5. 君士坦丁。
6. 拜占庭。
7. 是的。
8. 狄奥多西。
9. 黄种人。
10. 白种人。
11. 是指喜欢搞破坏的人。
12. 阿提拉。
13. 476 年。
14. 西哥特王国;西班牙。
15. 法国人。

世界历史大事年表

时间	世界大事记
公元前753年	罗慕洛在台伯河边建立了罗马城。
公元前509年	罗马共和国成立。
公元前264—前146年	罗马和迦太基为了争夺地中海霸权,进行了三次布匿战争。
公元前73年	斯巴达克起义爆发。
公元前60年	恺撒、庞培和克拉苏成立"前三头同盟"。
公元前49年	恺撒打败庞培,成为罗马共和国的独裁者。
公元前44年	恺撒被元老院刺杀。
公元前27年	屋大维被授予"奥古斯都"的称号,罗马帝国建立。
公元64年	罗马城发生严重火灾,大半个城市被烧毁。
公元313年	君士坦丁颁布《米兰敕令》,规定基督教成为罗马的合法宗教。
公元330年	君士坦丁迁都拜占庭。
公元395年	罗马分裂成东罗马帝国和西罗马帝国。
公元476年	西罗马帝国灭亡。